趣史记

历史太好玩了 2

假如古代名臣有内心戏

明小叔 著

U0898068

文化发展出版社
Cultural Development Press
·北 京·

图书在版编目（CIP）数据

历史太好玩了. 2，假如古代名臣有内心戏 / 明小叔著. — 北京 ：文化发展出版社，2023.6
ISBN 978-7-5142-3947-8

Ⅰ. ①历… Ⅱ. ①明… Ⅲ. ①中国历史－青少年读物 Ⅳ. ①K209

中国国家版本馆CIP数据核字(2023)第048348号

历史太好玩了2　假如古代名臣有内心戏

著　　者：明小叔

出 版 人：宋　娜　　责任印制：杨　骏
责任编辑：孙豆豆　　责任校对：岳智勇
策划编辑：曹文静　　封面设计：万　聪
出版发行：文化发展出版社（北京市翠微路2号 邮编：100036）
网　　址：www.wenhuafazhan.com
经　　销：全国新华书店
印　　刷：河北文扬印刷有限公司

开　　本：797mm × 1092mm　1/16
字　　数：160千字
印　　张：18.5
版　　次：2023年6月第1版
印　　次：2023年6月第1次印刷

定　　价：168.00元（全3册）
I S B N：978-7-5142-3947-8

◆　**如有印装质量问题，请电话联系：010－68567015**

大家好，我是这套《历史太好玩了》的作者，明小叔。

说起开笔创作这套书初衷，是因为发现在有些历史题材相关作品中时常会出现对历史事件、人物的描述片面化、脸谱化的现象。作为一个有思想有灵魂的历史人物，会不会有他的内心世界和思想交锋呢？答案是肯定的。所以我选取了一些大家耳熟能详的历史人物，尝试走进他们的内心，探寻在那个时代的各位亲历者不同的想法，争取还原、构建出一个个立体、有趣、丰富、多态、真实的“人”。

这些人物里，有齐桓公、秦始皇、汉武帝这样的开疆拓土、建功立业的雄主，也有商纣王、隋炀帝、李后主这样的亡国之君；有管仲、伍子胥、诸葛亮这样的匡扶君王成就霸业的功臣，也有刘屈牦、杨国忠、贾似道这种败事有余的身败名裂之徒；有季布、霍去病、李靖这样的“常胜将军”，也有吕布、周瑜、潘美这样的受文学作品戏说影响，掩盖历史真相的猛将。当这些“人”

栩栩如生、饶有趣味地坐在我们对面时，我们才能通过他们更全面、客观地了解他们背后的那一段历史。

著名的意大利历史学家克罗齐曾经说过，一切历史都是当代史。中国人也信奉，以史为镜可以知兴替。深入学习历史，并从历史中汲取教训，对人类的发展有着重要的意义。人类的未来——孩子，更应该从小热爱历史，熟悉历史，借鉴历史，运用历史，为自己的人生助力。

小叔一直认为，历史不是枯燥的，不是风干的。虽然年代久远，甚至缺乏足够的史实支撑，但仍蕴含着不可低估的情感和张力，能够让人沉醉其中，徜徉其里。跟古人交谈，这个过程充满了新鲜和挑战，能够让人汲取智慧，实现真正的成长。大人如此，孩童亦然。如果孩子能够从这一套书系当中获得知识和快乐，并收获一些做人做事的经验和准则，明小叔就心满意足了。倘孩子还能建立正确的历史观和价值观，并以之指导人生，那就是明小叔的无量功德了……就以此做个开场白吧。

——明小叔

001 英雄何必问出处，一方灶台掌乾坤

011 内心坚如磐石，突破流言闯难关

021 论强悍人生的种种前提

033 盛名之下，毁誉随之

043 三寸不烂之舌，孔圣仰慕之光

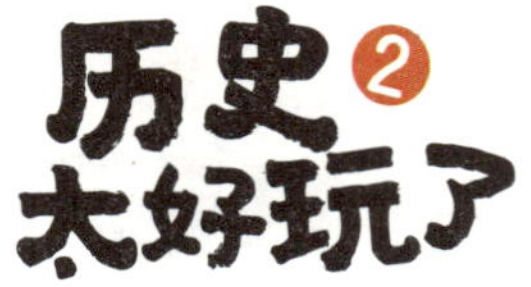

053 灭亲之仇不共戴天

063 求法得法，舍生取义

075 大丈夫需锱铢必较

087 是千古一相也是无耻小人

101 本想做社稷叔臣，原来是马前一卒

109 与新外戚们的恩恩怨怨

121 妄图投机必定自食其果

135 光辉万丈抵不过人心吞象

147 对症下药的战略神辅助

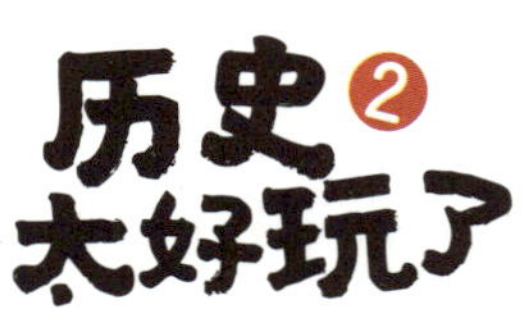

159 谨慎为先，小心驶得万年船

167 华丽袍子上的一只虱子

179 名士识主，不世出的奇才

191 功高盖德，罪比董卓

203 帝舅的一条不归路

215 凡事心不正
落不得好下场

227 罚天下奇才，
呼风唤雨之相

237 南宋灭亡与我无关

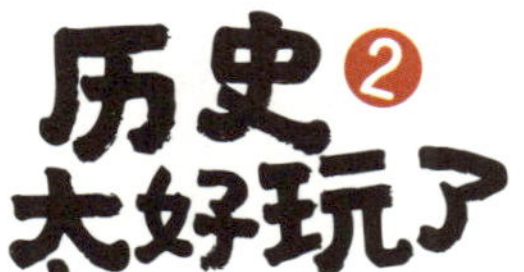

247 传说中的最后
一位宰相

259 明朝一哥是怎么
成功的

269 四起四落的帝国首辅

279 毁誉参半的千秋
功过

假如古代名臣有内心戏……

英雄何必问出处，一方灶台掌乾坤

姓　　名：伊尹
生　　卒：前1649—前1549年
出 生 地：今河南省杞县
民族族群：华夏族
朝　　代：商朝
职　　业：厨师、丞相、政治家、思想家
大 事 记：辅佐建商、放逐太甲

进入会场

伊尹

演技榜 001 名 >

更多直播间 >

今天第一位要出场的千古名臣就是辅佐商汤建立商朝的功臣伊尹。他原本是一位厨子，可了不起的是，他从厨子的手艺中悟出了建国治国的方略，帮助商汤建立了商朝。正所谓英雄何必问出处。下面请听一个厨子的心路历程，有请伊尹！

参加此次大会的还有采桑女、夏桀、商汤、太甲。

采桑女：发现弃婴伊尹的女子

夏　桀：夏朝最后一任君主

商　汤：商朝的建立者

太　甲：商汤之孙，商朝第 4 任国君

伊尹

大家好，我就是传说中的伊尹。为什么说是传说中的呢？因为我所生活的时代太久远了，好多事情都无法考证。说实话，我只活在几片发掘出来的龟甲上，但是请你们放心，我现在要说的，绝对是真心话。

商汤

你说的话，他们没人敢不相信，况且还有我给你撑场面呢！

伊尹

尴尬！大王，在座的可不都是您大商的子民啊。

商汤

我把这事给忘了！

伊尹

首先，我要声明的是，我的真名叫伊挚，小名叫阿衡。“尹”其实是商朝的官名，相当于丞相。在我大商，这可是代表着一人之下万人之上的次高职位。

商汤

这样的职位，你当得起！

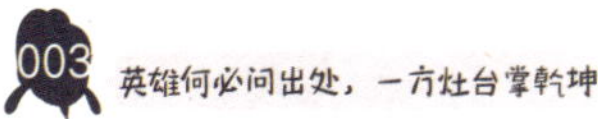

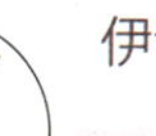

伊尹

谢谢大王给予我的荣耀和信任。据说，我刚一出生，就被母亲抛弃，扔在伊水河畔。幸亏有一位采桑女，听到我哇哇的哭声，才救下我，交给了有莘氏的酋长。因为不知道我的姓名，就指着捡我的地方为姓——伊。你们听听，这有多好笑。

采桑女

那天我正在伊水河边的桑林采桑，忽而听见水边有小儿的哭声，过去一看，是一个弃婴。这个婴儿好可怜啊，我就把他救下，但我不能养他——我还没有出嫁呢，于是就把他交给了我们的酋长。酋长是个好心人，把他交给了一个厨子养育。

伊尹

我的厨子父亲对我非常好，不但给我好吃好喝，没事的时候还给我讲古代圣贤的故事。当我长大了以后，他还把浑身的本事教给我，让我也成了一个有名的厨子，以至于商汤迎娶酋长女儿的时候，我以两种身份，一是有莘氏的私塾老师，二是有莘氏的著名厨子，一起陪嫁到商部落。酋长的意思我明白，我去陪嫁是为了让商汤不敢小瞧有莘氏。

商汤

我还纳闷呢，婚姻嫁娶，可没听说过送厨子的，可能这个厨子的手艺太好了吧，要让我开开眼。

伊尹

不可否认，我先是用厨艺征服您的，其后才是治国之道。您还记得吗？有一天，您到后厨，跟我聊起了烹饪，我给您上了一堂烹调课。我说要想做出美味佳肴，首先要认识食材的自然属性，然后再依靠水、火、味的调节，使菜肴久而不败、熟而不烂、辛而不辣、淡而不寡……治大国如烹小鲜，既不能操之过急，也不能松弛懈怠，只有恰到好处才能办好……

商汤

我当时对你说的一句话特别上心，那就是你告诉我，要想吃到这些四海八荒的美味，就必须成为天子，要成为天子就必须实行仁道。我当时都听愣了，没想到一个小小奴隶出身的厨子竟然有这么一番治国的宏论，而且这说中了我的心事。所以我当即免除了你的奴隶身份，任命你为小臣。

太甲

虽名为小臣，可实际上却不小。有兴趣的不妨查一查甲骨文，就会知道小臣这一职务在我大商的高级地位。我们大商向来是王巫共治，这个共治的巫往往都是小臣身份。

商汤

孙子，你说得太多了，把我大商的秘密都给暴露了。

伊尹

我通过一篇做菜的雄文，获得了商汤的重用。当时夏朝衰败，我觉得商汤具备了取而代之的机会。

夏桀

我当时根本想不到商汤会造反。当我觉察出不对劲的时候，便先下手为强，先行将商汤给逮捕了，要是知道后来会被商汤打败，我当时一定会杀死他。

伊尹

可惜世界上没有卖后悔药的。当你见到我贿赂给你的珍宝而眼放绿光的时候，我就知道你不会杀死商汤了。一旦你放回商汤，我定会让你付出惨重的代价。

夏桀

代价是够惨重的，我跟商朝的军队在鸣条山展开大战，夏军被商军吊打，我临阵脱逃，跑到南方去了。

商汤

伊尹在灭夏建商的过程中屡立奇功，我是非常感谢他的，要不然也不会临终托孤给他。可是我就想问问伊尹，你究竟是怎么对待我的孙子太甲的？

伊尹

说起太甲来，阴谋论者说我想要废掉他，自立为帝。这怎么可能呢？我要是有这个野心，在他父亲那一辈我就干了，何必等到太甲继位。此时我都垂垂老矣，说这种话的人怎么不带点脑子？

商汤

你这么说我就安心了，要不然我还要埋怨你呢。

太甲

都怪我当时年轻气盛，不想受到伊尹的限制，所以即位三年后就原形毕露，为所欲为。伊尹放逐我，绝对是为了咱们大商好，最后他还政于我的时候，我才明白了他的良苦用心。

伊尹

经过一番历练的太甲，变得懂事了，遵守法度，勤政修德，使得诸侯恭顺，百姓安居，国家大治。欢喜的我作了《太甲》三篇、《咸有一德》一篇来褒扬他。

商汤

原来如此，看来我不该怀疑你！

伊尹出身奴隶，终其一生共辅佐过五位商王，始终忠义贤良，成为中国历史上第一位有名的贤相。他的励志故事，也成为“英雄不问出处”的最佳证明。

小剧场

哇哇哇……哇
哇……

托付给你了。
放心吧。

假如古代名臣有内心戏……

内心坚如磐石，突破流言闯难关

名臣 姬旦

姓　　名：姬旦
生　　卒：不详
出 生 地：不详
民族族群：华夏族
朝　　代：西周
职　　业：辅相、摄政王、政治家、思想家、军事家、哲学家、教育家、儒学奠基人
大 事 记：助兄灭商、辅政成王、平定三监、营建洛邑、制礼作乐

进入会场

名字是父母给起的，我能怎么办？

好好说话，卖什么惨？

他不光卖惨，还不听劝……

我都看不下去了。

我不知道啊……我不记得了……

姬旦

演技榜 002 名 >

更多直播间 >

姬旦因为受到儒家的推崇而在中国家喻户晓。他是古代中国礼乐制度的草创者和奠基人，也是儒学圣人孔子的偶像，但他一生的事业都是在泛滥的流言中建立起来的。大丈夫是如何突破流言的荼毒而一往无前的？且听本尊一吐为快！

参加此次大会的还有姬发、管叔、蔡叔、武庚、周成王。

姬　发：周武王，周朝的建立者
管　叔：周武王的弟弟
蔡　叔：周武王的弟弟
武　庚：商纣王的儿子
周成王：周朝第 2 任皇帝

姬旦

大家好！我是文王之子、武王之弟、成王之叔——姬旦。不要笑，名字都是父母给起的，好不好听，我们做儿子的哪有权过问！不过你们好好看看我的脸，跟鸡蛋没什么关系，你们的想象力也太丰富了。说点正事吧，我身上的光环不用我吹了吧，历史给我戴的高帽够多的了。尤其是孔子，还把我认作偶像，说是继承了我的遗志，传承了我的事业，我也只能“呵呵”。我不明白你们后人做事，为什么总喜欢拉个垫背的？我为大周朝呕心沥血，死而后已，可是终我一生，都没逃离过流言的伤害。有人说我不畏流言，这话也对也不对。说对呢，我最终战胜了流言；说不对呢，流言也差点儿将我覆灭。可以说，我这一辈子，是跟流言斗争的一辈子。

姬发

弟弟，你咋把自己说得这么惨？

姬旦

不只是说得惨，实际遭遇的更惨，外界说我为了一己之私，不惜手足相残。这我忍了，关键是还说我要夺我侄儿成王的江山，这不是恶意诬陷吗？

管叔

你可拉倒吧，我早看出来你不是好人。武王死后，成王继

位，你来辅政。你倒是好好辅政啊，把成王管教得跟个小鸡似的，我跟蔡叔都看不下去了。我们哥儿俩是非议了你几句，好家伙，你要跟我们动武！

蔡叔

可不是？成王，我跟你说啊，姬旦太不够意思了，他是托孤之臣不假，可我们也不是外人啊，大权不能让他独揽，对吧？我们哥儿俩也是见者有份的。

周成王

我当时年纪小，什么都不记得了……我就记得，姬旦叔叔背着我上朝听政，管叔叔和蔡叔叔四只眼瞪着姬旦叔叔，恨不能看化了他。

姬旦

还是我这小侄子知道心疼人啊，叔没白疼你！

姬发

弟弟，你辛苦，这我知道，后人看《封神演义》看多了，都以为商朝是我推翻的。其实，我不过打了牧野之战，逼死了纣王，之后没三年我就告别人世了。

管叔

姬旦的功劳越大，我越担心他对成王不利！

蔡叔

同感！

姬旦

我曾对太公望和召公奭剖白过我的心迹。说实话，要是我当初不摄政的话，不知道有多少人会站出来生乱，包括人面兽心的管叔和蔡叔，还有一个居心叵测的复辟分子，那就是商纣王的儿子武庚，当初就不该封他管理商朝旧地。

武庚

我是大商的皇族血脉，怎么能向周人低头呢？我自从成了俘虏，一心想的是替父亲报仇，复辟大商！可喜的是，我看出来武王死后，管叔和蔡叔不满于周公摄政，四处散播流言，想要搞臭和搞倒周公，这可中了我的下怀。我联合那些仍然效忠于大商的东夷部落，并且跟管叔、蔡叔商量好了里应外合的计划，准备向周公发难。

姬旦

我早就看武庚这小子不是善茬儿，每次谈论商朝的事，他都面露凶色，我断定他日后要作乱，因此提前防备。我想，没有内鬼引不来外贼，堡垒都是从内部攻破的。我的这两位兄弟——管叔、蔡叔，才是心腹大患。为了成王能够从我手里接过一个稳定的江山，我也不惜骨肉相残了。

武庚

没想到周公的手腕如此强悍，生生跟我们打了三年。管、蔡也太不给力了，他们吹嘘的“内部反对派”简直不堪一击，我后悔轻信了这两个人的话，轻举妄动了。

管叔

我们也没想到姬旦竟然厉害得很，这可跟他的名字不相称！

姬旦

平叛完了，我就把国都迁到了洛邑，开始大规模营建洛邑。那些吃了败仗的殷商遗民也被我迁到洛邑，方便管理，省得他们动不动就复国。我还派康叔为卫君，令其驻守商朝故都朝歌，以管理那里的商朝遗民。处理好商朝遗留问题，我又开始完善分封制度。我把天下划分为七十一个封国，把武王十五个兄弟和十六个功臣封到封国去做诸侯，以作为捍卫王室的屏藩。另外在封国内普遍推行井田制，将土地统一规划，这些举措巩固和加强了周王朝的经济基础。为了进一步巩固政权，我“制礼作乐”，制定和推行了一套维护君臣宗法和上下等级的典章制度，以及一系列严格的君臣、父子、兄弟、亲疏、尊卑、贵贱的礼仪制度，加强中央政权的统治。

周成王

周公做这一切都是为了我。记得有一次我病了，病得很厉害，他很着急，就剪了自己的指甲沉到大河里，对河神祈祷说：“今成王还不懂事，有什么过错都是我的。如果要死，就让我死吧！”

姬旦

这不也被人说成假惺惺了吗？说我恨不得你早死，我好名正言顺地当周王。

周成王

只有那些居心不良的人才会这么想。您摄政六年后，就还政于我，您为此还作了《无逸》，以殷商的灭亡为前车之鉴，勉励我做个明君。可是到了这个时候仍然有人进谗言，说您要谋反，将来要夺我的大位。

姬旦

伴君如伴虎，我也只能以逃跑的形式自证清白。我逃到楚地躲了起来。三年之后，我回到丰地养老，再也无心政事了。

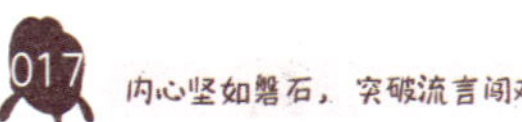

众口铄金，何况流言？周公能够顶住流言的压力，甚至为了国家大事而不惜背负“恶名”，并最终能够以实际行动自证清白，不愧是大丈夫！

周成王

 × × 年

剑拔弩张……莫名有些害怕……

 6 喜欢  3 评论

姬旦

压力山大，感觉对面的两个人要扑过来咬我。

管叔

@蔡叔，听说有人想针对咱们。

武庚

我一定要复辟大商！我行！我能！

假如古代名臣有内心戏……

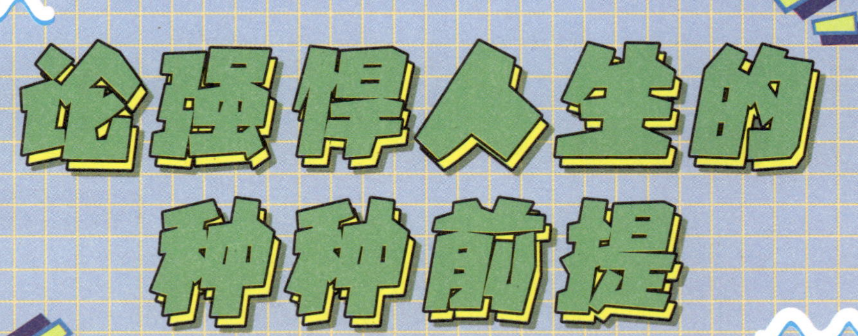

名臣　管仲

姓　　名：管夷吾
生　　卒：前 725 —前 645 年
出 生 地：今安徽省颍上县
民族族群：华夏族
朝　　代：春秋时期
职　　业：相国、经济学家、哲学家、政治家、军事家、春秋时期法家代表人物
大 事 记：辅佐桓公、尊王攘夷、助齐称霸

进入会场

友谊万岁！

论演技我排第二，谁敢排第一？

你可要点脸吧……

那也不能让个厨子管理政事。

管仲

演技榜 003 名 >

更多直播间 >

管仲被孔子感叹“微管仲，吾其被发左衽矣”。他辅佐齐桓公九合诸侯，成就霸业。可他最初却是齐桓公的政敌。这背后有着怎样的对立仇杀，他又如何在政敌提供的舞台上开启了开挂的人生？有请管仲为我们一吐为快！

参加此次大会的还有齐桓公、公子纠、鲍叔牙。

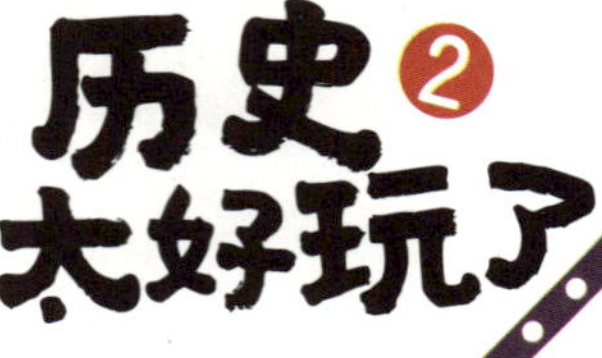

齐桓公：齐国第 16 任国君，春秋五霸之一

公子纠：齐桓公的哥哥

鲍叔牙：春秋时期齐国大臣

管仲

大家好，我是管仲，字夷吾。我生活的时代，正是春秋无义战最热闹的时候。天下列国纷争，征战不休。外部的少数民族也开始滋扰中原各国。这些都跟周王室的衰落有着很深的关系。我的父亲是齐国的大夫，后来家道中落，在我小的时候已经很贫困。为了谋生，我做过商人。在那个时代，商人最没地位，最卑贱。不过我可以见很多世面，接触各式各样的人，从而积累了丰富的社会经验。

鲍叔牙

这期间还收获了我们的伟大友谊。

管仲

管鲍之交，是世人交朋友的典范和榜样。那时候，我们一起经商赚钱。分钱的时候，我总是分得多，小鲍分得少。他从不跟我计较。有人背地里议论，说我贪财，不讲友谊。

鲍叔牙

他们哪里知道，管仲家贫，他多分些钱补贴家用，原是应该的。我愿意多分给他钱。

管仲

我参军的时候，三次临阵脱逃。世人都讥笑我，说我贪生怕死，不敢牺牲。

鲍叔牙

这事我知道，管仲岂是贪生怕死的人？只不过他家中尚有年迈的母亲，全靠他一人供养，所以他不得不保全自己。

管仲

知我者，小鲍也。我们之间的友谊非常真挚，我也多次想为小鲍办些事，不过都没有办成，还给他造成了很多麻烦。当时我觉得我好没本事。

鲍叔牙

只有我知道他。管仲有天大的本事，只是时机未到，不得施展。

管仲

生我者父母，知我者鲍叔牙！

齐桓公

小鲍是我的属下，而管仲成了公子纠的属下。

公子纠

小白（齐桓公叫姜小白），我们除了是政敌，难道就没点别的关系了？

齐桓公

我倒忘了，咱们还是哥儿俩。我跟公子纠都是齐僖公的儿子，父亲死后，齐襄公即位。这位老哥太能折腾了，齐国老臣都想换掉他，从我跟公子纠之间选出一位作为齐国的国君。

管仲

其实，我才是最了解小白的人，可命运弄人，偏偏让我去辅佐公子纠。后来，齐国发生内乱，齐襄公被公孙无知杀死，公孙无知自立为君，也被齐国贵族杀死。一时之间，齐国君位空缺。公子纠和公子小白都想回国继位。当时我先行回到国内，公子纠尚在鲁国。我听说小鲍保着小白从莒国回齐国上位，我就亲率三十乘兵车埋伏在必经之路上截击他们。我放小白的大队车马先行，等小白的车马走近，我持弓而射，正好射中小白。我一看大事成了，赶紧领人马回去，安排接公子纠回国上位的事宜。

齐桓公

天不绝我，当时管仲不过是射中了我的铜衣带钩，根本没射中我的身体。我急中生智，装死倒下，才躲过了一劫。我大难不死，飞速向齐国挺进。当我来到临淄时，小鲍已说服齐国重臣拥我为君。于是，我抢先上位，把公子纠甩在了后边。

公子纠

我好恨啊，我当时还在从鲁国赶往齐国的路上。我都怀疑是不是管仲反水了，要不然他怎么可能射不中小白呢？怎么可能射完了不检验一下现场呢？

管仲

我当时可是截击战，我们躲在暗处，小白在明处，能够找到偷袭的机会已经很不容易了，难道还要我射完之后再到现场检验一下小白是否真的死了吗？我有一千条命也不够使啊，人家那里还有一大队人马呢，恨不得把我剁成肉泥啊！

齐桓公

我当上国君之后，求贤若渴，小鲍就推荐你。我当时很生气，恨不能把你生吞活剥了，怎么会重用你呢？可架不住小鲍整天推荐你。

鲍叔牙

我告诉齐桓公，管仲之才十倍于我！

齐桓公

小鲍助我成为国君，才干已非他人可比，管仲之才十倍于他，这是什么概念？我可不是傻子，明白了小鲍的良苦用心。

为了能够得到管仲，我就向鲁国施压，如果鲁国不交出管仲，我就要发兵讨之。

管仲

齐鲁交兵，鲁国大败。齐桓公要求鲁国杀掉公子纠，把我交出去。鲁国无奈之下，杀死公子纠，把我装入囚车，送回齐国。

齐桓公

我知道管仲是奇才，难道鲁国不知道？我为防止鲁国出尔反尔，就派小鲍带兵到国界接应。

管仲

我一路害怕遭到鲁国的追杀，着急忙慌地逃窜，直到齐国国境，看见小鲍迎接我的身影，我那颗悬着的心才放下来。不过，我还是向小鲍表达了我的担忧——我侍奉公子纠，既没有辅佐他登上君位，又没有为他死节尽忠，非常惭愧，现在又去侍奉仇人，天下人一定会耻笑我的！

鲍叔牙

这个管仲，还挺多心的。我告诉他，岂不闻做大事的人，不拘小节；立大功的人，无须他人谅解。你有治国的奇才，国君有做霸主的远大志向，你们是风云际会，一定能够做出一番事业来。你不也说过吗，天下能懂小白的，也只有你管仲。

齐桓公

我得管仲，如鱼得水，如虎添翼！我得称他一声仲父。他帮我确立了争霸的战略，为齐国的繁荣富强规划好了蓝图。

管仲

不改革，不足以称霸诸侯。不尊王，不足以统摄天下。这个王当然是指日益衰败的周王室。齐国的内政、经济、军事等多方面，我都进行大刀阔斧的改革，国君给我尽可能多的支持，帮我肃清改革的障碍。我们君臣一心，很快齐国就实现了人民富足、社会安定。我还让国君去觐见周王，带头把周王的权威树立起来，维护周王室的宗法制度，这样才可以对游牧于长城之外的戎、狄和南方楚国进行抵御。

齐桓公

管仲是大贤啊，没有他，我怎能使齐国强盛？没有他，我怎能威服诸侯？没有他，我怎能称霸天下？我还记得那一年，齐国召集诸侯会盟，周天子的代表召伯以周天子的名义，向我授予侯伯的头衔，成就了我的霸主之名。这一切都是管仲的功劳。

管仲

要是您能始终如一听我的话，也不会发生后面的祸乱了。

齐桓公

人都有松懈的时候，都有贪图享乐的劣根性。我这不是成为霸主了吗，也觉得奋斗得差不多了，也该享受享受了。正赶上当时有个厨子叫易牙，做饭很符合我的胃口，我一天不吃他做的饭，都受不了。

管仲

那您让他当厨子就好了，为什么还让他管理政事？

齐桓公

还不都是你的病故让我感觉没着没落的，可国事还得处理啊，我又懒得管，所以就……你当初在病榻的时候，我也是问过你的。我问，何人可以接替你，鲍叔牙行不行啊？你说，小鲍是个君子，善恶过于分明，见人之一恶，终身不忘，这样是不可以为政的。

鲍叔牙

知我者，管仲夷吾也。

齐桓公

我又跟他提了三个人，易牙、开方和竖刁。

管仲

这几个家伙都是小人。易牙为了讨好您，竟然把自己的儿子煮给您吃，这样没人性的人怎么可以主政呢？卫公子开方，舍弃了卫国太子之位，侍奉别国国君十五年，父亲去世都不回去奔丧，如此无情无义，如何能真心忠于国君？那个竖刁，宁愿自残身体来侍奉国君，这样的人连自己的身体都不爱惜，怎么可能忠君呢？可惜，您听不进去啊。

齐桓公

后来，我被这几个人害得饿死深宫，尸首都生蛆了才被发现，也是咎由自取。都怪我当时没听管仲的话。这个世上没有卖后悔药的，如果有，我一定买两服尝尝。

管仲

君上，您一人受过也就罢了，关键是齐国从此陷入无休无止的内乱，霸业不再，国运衰败，让老臣十分痛心啊！不过我还是很感激您，作为曾经的政敌，竟然给我一个可以让我尽情施展才华抱负的舞台，我这辈子值了。

开挂的人生并不容易，需要突破自身的局限，无视外人的议论，还要遇到对的人。管仲是幸运的，这三点他都有了，所以成了历史的宠儿。

< 发现　　朋友圈

管仲

天下人一定会耻笑我的！

×× 年　　删除　　•••

公子纠

你以为我没有怀疑吗？我是给你留了面子。

齐桓公

我好悔，没有听你的。

鲍叔牙

只有我看懂了，你们还不信。

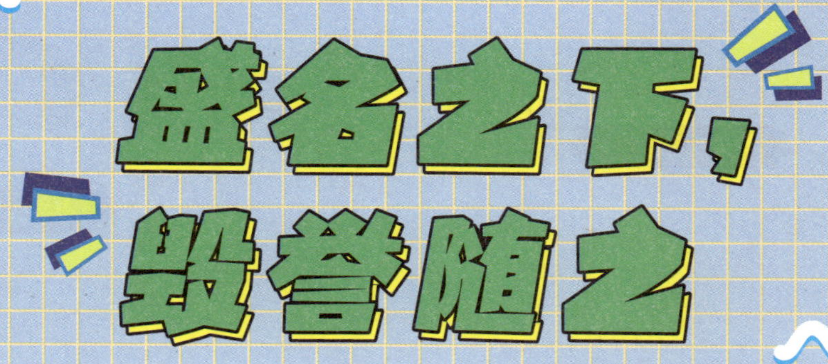

盛名之下，毁誉随之

姓　　名：公孙侨
生　　卒：？—前 522 年
出 生 地：郑国
民族族群：华夏族
朝　　代：春秋时期
职　　业：政治家、思想家
大 事 记：推行改革、不禁乡校、制定历史上第一部成文法

进入会场

我的存在确实改变了郑国，这点我很骄傲！

这小子从小就跟别人不一样。

你就是我的光，我心中的太阳。

咦，我好像看到有人在骂子产。

子产，我是你的“粉丝”，我为你欢呼。

子产

演技榜 004 名 >

更多直播间 >

春秋时期郑国的子产受到孔子的极大推崇，被誉为先贤，《论语》里也曾多次论及他。他所主政的郑国，当时是个生存于强国夹缝中的弱小国家，可是在子产的治理下，获得了意外的小国尊严。这背后发生了怎样的故事，且听子产一吐为快！

参加本次大会的还有子孔、孔子、叔向、申不害。

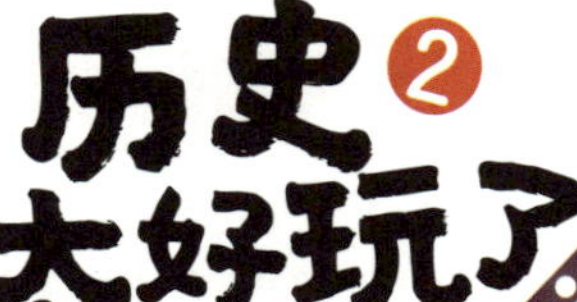

子　孔：郑穆公之子，郑国上卿

孔　子：儒家学说创始人

叔　向：春秋时期晋国大夫、政治家

申不害：战国时期法家重要创始人物之一

子产

大家好，我的名号在历史上并不是很响亮，可能因为我治理的不过是个小国——郑国。郑国只在春秋初期风光过一段时间，然后就陷入了长期的沉寂，最终早早地灭亡了，无缘战国七雄。可是，我骄傲地说，因为我的存在，郑国还不致被扔进故纸堆。

孔子

你这么说，子产，我不跟你抬杠，你就是郑国的标签。如果说郑国在史书上还留有那么一笔的话，那就是你的功劳。我除了是周公的“粉丝”，也是你的“粉丝”！

子产

惭愧啊，小国不但无外交，就连在史书上也是昙花一现。

申不害

别沮丧了，无论你是哪国人，都是我们法家心中的太阳！

子产

是因为我在鼎上铸刑书吗？

申不害

这难道还不够拉风吗？刑书的地位丝毫不逊于雅典的《德拉古法典》和罗马的《十二铜表法》。你是我们法家的明星和骄傲！

子产

你过誉了。我不过是郑国的一个贵族，是郑穆公之孙，子国之子。我的家族其实是郑国“七穆”之一，也就是七大家族之一，地位在郑国来说，非常显赫。

子孔

子产这小子从小就非常有见识。我记得有一次，他的父亲子国和另一位贵族子耳，出兵攻打蔡国，并取得胜利，俘虏了蔡国司马公子燮，朝内一片欢喜。唯独子产这小子很忧虑，认为郑国是一个小国，不修文德却无端对外用兵，离战祸也就不远了。如果南方强大的楚国想替蔡国出头，郑国不就陷入危机了吗？若顺从楚国，就会得罪北方的晋国。到时候，楚、晋夹击郑国，郑国将永无宁日。请问，这是一个小孩子能有的见识吗？关键是后来的事实证明，子产的预料是完全正确的！郑国夹在两个大国之间疲于奔命，数年不得安宁！

子产

我记得曾经发生过一次政变，我的父亲子国在这次政变中被杀。我当时到了政变现场，安排好人把守大门，分配好在场人员的职责，并指定专门的负责人，很快使政变的不良影响降到最低。

子孔

叛乱后我掌握国政，制作让官员各守其位的盟书，很多大臣不肯顺从，我准备杀掉他们。子产劝我烧掉盟书，否则触犯众怒，国家难以安定。我听从了他的话，使这场风波归于平静。我佩服子产，郑国有了他，是郑国之福。

子产

我在郑国执政后，着手进行改革。我觉得政事和农事一样，要经常用心思考，既想一件事如何开始，也想这件事如何结束，按照预定步骤，切实施行。行动不要超越已经思考过的范围，好比农夫耕作不要超越自己的田边，这样错误就少了。我的原则是小心驶得万年船，治国理政必须谨慎、谨慎再谨慎，不可草草乱来。

孔子

子产有政治家的风范！

子产

由于西周的井田制遭到破坏，我重新清丈田地，将国内四个强族丰氏、良氏、游氏、罕氏所强占的多余土地分给少地、无地的平民。这大大触犯了郑国贵族的利益，并且导致了杀人事件。流言说：“夺走了我的衣冠，霸占了我的田，谁能杀了子产，我就听他的号令！”可见贵族是恨我入骨的。后来，改革效果出来了，土地分配相对均衡，农业生产也进步了，他们又反过来支持我的改革，歌谣说：“子产帮我教育好孩子，子产帮我治理好田产。子产百年之后，谁还能继承他的善政呀？”

孔子

子产在郑国推行改革不容易，必须有大心胸和大胆略才行，在这点上，我佩服得五体投地！

子产

难的还在后面呢！土地改革五年后，我又推出了赋税改革——作丘赋。这次得罪的是郑国的老百姓。西周城市有国、野之分。国指的是城邑及近郊区域；野则是离城邑较远的乡野；丘指的是乡野居民所住之地。我为了使郑国富强，要求这些乡野居民为国家承担包括车马、甲盾、粮草等军赋的义务，遇战事时还要服兵役。

叔向

这种改革在当时看来，可是大手笔，也必定招来大非议。子产的初心是要提高乡野居民的地位——可以跟国人平起平坐，国、野之间的界线在不知不觉间被取消了，可是短视的乡野居民不理解，举国上下都在骂子产。

子产

成为一个政治家的硬性条件，就是禁得起质疑和非议。当乡野居民了解了我的良苦用心之后，也会跟那些刚开始反对我的贵族一样，改变对我的态度。

孔子

子产的政治家精神，还表现在“不毁乡校”一事上。据说，郑国的一些人常聚集在乡校，讨论政治得失。有的人认为这不利于子产执政，就建议子产拆毁乡校。

子产

我觉得这样做不合适，大家群集于那里，发表他们的想法，议论执政的好坏，这对我来说是好事。为什么这么说呢？他们认为是善政的，我就继续施行；认为是恶政的，我就去修正。他们可都是我的老师啊！我怎么能够去拆毁他们议政的乡校呢？

孔子

点赞！有人背后议论说子产不行仁政，这话我再也不相信了。

叔向

虽然我不赞成子产颁布刑书，认为法律一经公布，人们就知道如何避免刑罚，便会弃礼而不顾，即使蝇头小利也要去争夺。可是，我不得不承认，子产是一位高尚的改革者和思想家。

孔子

我也不赞同子产颁布刑书，那岂不导致人民只看刑法条文，不看贵族面孔了吗？贵族还怎样体现尊贵的身份？贵贱没有次序，又怎么能立国呢？可是，这不妨碍子产成为我心目中的偶像。

申不害

我可不敢苟同你俩。通过铸刑书这件事，可以看出，子产是真正的法家鼻祖，他推崇依法治国，而且强调重典治国，法不阿贵。值得后世好好学习！

子产改革堪称无私。据说，他死后穷得无钱安葬，百姓纷纷捐出自家金银器物。子产儿子不受，将金银扔到河中，至今郑州尚有遗迹。古贤风范，万世钦仰。

< 发现 朋友圈 

子产

我们郑国虽然是小国，但也不是好欺负的。

× × 年 删除 •••

申不害

偶像说得对，永远支持你！

子孔

你就放心大胆地去做，我一直看好你哟！

三寸不烂之舌，孔圣仰慕之光

名臣　晏婴

姓　　名：晏婴
生　　卒：前 578 一前 500 年
出 生 地：今山东省高密市
民族族群：华夏族
朝　　代：春秋时期
职　　业：上大夫、辅政大臣、政治家、思想家、外交家
大 事 记：晏子使楚、二桃杀三士、排挤孔子

进入会场

晏婴

演技榜 005 名 >

晏婴是春秋后期齐国的名臣，孔子非常推崇他，说他“果君子也”。晏婴还是有名的语言大师，他运用语言的智慧和力量，多次匡正君主错误和完成外交任务。有请晏婴，一吐为快！

参加此次大会的还有齐景公、楚灵王、鲁昭公、孔子。

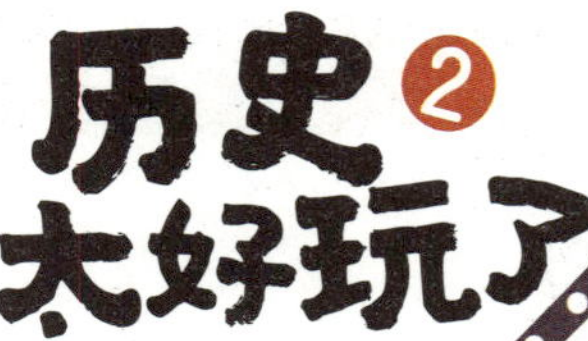

齐景公：春秋时期齐国第 25 任国君

楚灵王：春秋时期楚国第 26 任国君

鲁昭公：春秋时期鲁国第 24 任国君

孔　子：儒家学说创始人

晏婴

大家好，我是晏婴，后世都叫我晏子。他们想让我开一堂课，叫“语言的艺术与智慧”。我觉得非常有必要普及这门课程，因为语言运用得当可以省去很多行政、执法和军事上的麻烦，何乐而不为呢？

齐景公

您的语言魅力我算是领会过了，一个字，服！我记得，我刚即位没多久，晋国派遣大夫范昭出使齐国，探听虚实。席间，酒酣耳热，范昭借着酒劲跟我说：“请您给我一杯酒喝吧！”

晏婴

当时您也有点喝高了，想也没想，就想用自己的杯子给范昭倒一杯酒。我一看，这哪行啊！范昭这老小子是故意这么做的，目的是试探您的反应。于是，我厉声对侍臣说：“快扔掉这个酒杯，为主公再换一个！依礼，君臣应是各自用各自的酒杯。”

齐景公

晏婴及时制止我出丑。范昭回去告诉晋平公，齐国出了个晏平仲，绝对不能对齐用兵。晋平公因而放弃了攻打齐国的打算。这就是折冲樽俎的由来。

孔子

晏婴的外交表现，不出樽俎之间，而折冲千里之外，妙！

齐景公

这不算什么，晏子使楚，更是让世人见识了他的机智妙趣。

晏婴

君上派我到楚国去。当时齐国经历了灵公、庄公之乱，国力内耗，实力萎缩，景公又是新立，在各国之间不受待见。我到了楚国，这种轻蔑的氛围感觉尤其明显。

楚灵王

齐国自桓公以后，陷入无休无止的内乱，实力大耗，靠什么跟楚国平起平坐呢？我故意让群臣难为一下晏婴，让他知道我大国威仪，凛然难犯！

晏婴

好家伙，饭还没吃完呢，楚国人就着急发难了。一个下大夫上来就说："齐国原来足可以与楚国匹敌。为什么自齐桓公霸业衰落以后，纵然有您这样的大才，还不能再次崛起呢？反而要与我楚国结盟，这太让人费解了。"当时我很上火，自己的国家不争气，能怎么着？可是，输人不能输面，回去自励奋发强国是一回事，被羞辱是另一回事，我可不能让齐国在外交场合受辱。我拉出春秋五霸来垫背，跟在场的人说：“识时务者为俊杰，通机变者为英豪。春秋五霸次第兴起，半为天意，半是人为。你们楚国自楚庄王之后，亦常受吴、晋二国的骚扰，困苦不堪。难道只有齐国衰弱不成？今日齐国前来交好结盟，这只是邻国之间的友好往来罢了。你作为楚国名臣，本应通晓‘随机应变’这四个字的含义，可怎么也问出这样愚蠢的问题呢？”

楚灵王

晏婴说得滴水不漏，明明出使楚国是为了寻求支持，却被他说成睦邻之行，狡猾之至。

晏婴

又一个上大夫站出来，质问我说：“齐国内乱以来，齐臣为君死的不可计数，而您作为齐国的世家大族，却没有为君王而死，您就不觉得羞愧吗？”这可是将了我一军。我正色反驳他：“我只知道君主为国家的社稷而死时，做臣子的才应该与之同死；先君并非为国家社稷而死，我为什么要跟着他一起死呢？怎能以一死沽名钓誉呢？况且国家有变，正是我辈保护宗庙、安定人民之时，如果每个人都离开了朝中，国家大事又由谁来做呢？楚国还不是一样！”

楚灵王

晏婴这张利嘴真不是白给的，把我满朝文武都噎得无话可说，把我也气得够呛。

晏婴

楚王更没水准，一看群臣说不过我，就拿我的身材相貌来取笑我。我能让他占这个便宜吗？楚王见我身材矮小，就问齐国人是不是都是小人。我一听这就是在给我挖坑呢，当即回敬道："齐国有一个规矩，贤明之人出使贤国，不肖之人出使不肖之国，大人出使大国，小人出使小国，而今我无才无德又最不肖，只好来楚国为使，希望大王原谅。"楚王无话可说。

楚灵王

我安排一队武士押一名犯人从殿前经过，就问是哪国犯人，所犯何罪。武士答是齐国人，犯的是盗窃罪。我趁机为难晏婴，难道齐国人有偷东西的毛病吗？

晏婴

我只是告诉楚王这么一个道理——橘生淮南则为橘，生于淮北则为枳。橘子好吃而枳果酸涩，全是土地的缘故。齐人到了楚国就成为盗贼，是楚国使他发生了这种变化。

楚灵王

我是彻底服了晏婴的口才。楚国满朝文武本想是羞辱晏婴的，结果反被晏婴羞辱了！我真是服了晏婴，心悦诚服地跟齐国结了盟。

孔子

晏婴“出使四方，不辱君命”，我十分佩服！

齐景公

这算什么，你还没听过二桃杀三士的故事吧。

鲁昭公

这个我是当事人，最清楚了。齐景公为了建立军功，恢复霸业，豢养了三个勇士，一个叫田开疆，一个叫公孙接，一个叫古冶子，号称三杰。这三个人个个勇猛异常，力能搏虎，深受齐景公的宠爱。

晏婴

当时齐国表面上恢复了安定，可实际上暗流涌动。田氏崛起，威胁国君的统治。三杰中的田开疆正属于田氏一族，我很担心三杰为田氏效力，危害国家。

那些日子，我正在齐国访问。齐景公设宴，我、晏婴都在座。三杰佩剑立于堂下，态度十分傲慢。酒至半酣时，晏婴说殿外的桃子熟了，要摘几个款待我。一共摘了六个桃子。晏婴恭恭敬敬地献给我跟景公一人一个。他还给我的随从一个桃子，自己吃一个桃子。还剩下两个桃子，晏婴就建议景公，说三杰中谁的功劳大，谁就可以吃一个桃子。

晏婴

果然，公孙接率先出来表功，说他曾从虎嘴里救出过国君，理应吃一个桃子。我就给了他一个桃子。古冶子见状，也挺着胸脯说：“打死老虎就厉害吗？我还在河里杀死大鼋，救下落水的国君呢，难道不该吃个桃子吗？”我于是也给了他一个桃子。一旁的田开疆眼看桃子分完了，急得大喊大叫，说他当年奉命领兵征讨邻国，立下赫赫战功，难道还不足以吃个桃子？我只好说，桃子吃完了，想吃等来年吧！

鲁昭公

当时田开疆气坏了，手按剑柄，气呼呼地说：“打虎、杀鼋的都能吃桃子，我南征北战，出生入死，反而吃不到桃子，还有什么脸面活在世上？”于是当场拔剑自刎。公孙接大惊，觉得自己不配吃那个桃子，也拔刀自杀了。古冶子更沉不住气了，三人结义，他怎么会苟活呢？最后也自杀而死。可怜三位杰出人物，竟然为了两个桃子全部自杀而死。

晏婴

这些人有勇无谋，只会祸乱国家，不会有利于国家的富强。

孔子

虽然晏婴不希望我到齐国去当官，当着景公的面说了我好些坏话，可是我仍然从心里佩服他：“晏平仲善与人交，久而敬之！”

语言如同一把利剑，可以止刀兵，可以结上国，可以施善政，唯有德者据之，否则不祥。晏子，有德者也。

晏婴

 ××年

输人不能输面，怎么还没完没了了。

6 喜欢 3 评论

鲁昭公

让我看看这是怎么了？

楚灵王

哼，真是狡猾之极。

齐景公

晏婴这么优秀，真应该让更多人见识一下。

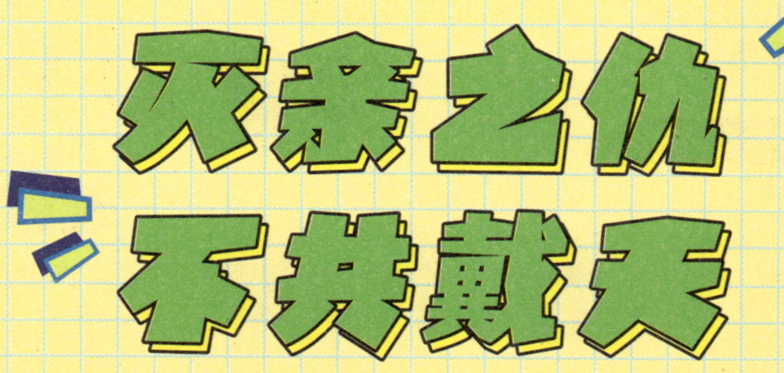

姓　　名:	伍子胥
生　　卒:	前 559 —前 484 年
出 生 地:	陕西省岐山县
民族族群:	华夏族
朝　　代:	春秋时期
职　　业:	吴国大夫、谋略家、军事家
大 事 记:	大破楚国、营造姑苏

进入会场

对，就是我干的，怎么着……

怎么哪儿哪儿都有你？

我俩的默契简直神了！

伍兄，听说你出名了？

论坑爹，儿子哪家强？

伍子胥

演技榜 006 名 >

更多直播间 >

伍子胥在中国历史上是大名鼎鼎的人物，吴楚名臣。他为了报父兄之仇，不惜投靠敌国吴国，借兵攻破楚国，将昔日大仇人楚平王扒坟鞭尸。有人说他是顶天立地的大英雄，也有人说他是个残酷无情的人。孰是孰非，让我们走进伍子胥的内心世界。

参加此次大会的还有楚平王、费无极、伍奢、渔父、阖闾、夫差。

历史②太好玩了

楚平王：春秋时期楚国国君
费无极：春秋末年楚国佞臣
伍　奢：楚国大臣，伍子胥的父亲
渔　父：帮助伍子胥逃亡的人
阖　闾：春秋时期吴国国君
夫　差：吴国国君，阖闾之子

伍子胥

大家好，我是伍家老二，我大哥是伍尚，我父亲是伍奢。我们伍家世世代代都是楚国忠良，没想到到头来却因为挡人财路、碍人家眼而遭遇灭门惨祸。挡人财路，就是挡了大奸臣费无极的飞黄腾达之路；碍人家眼，就是碍了楚平王要娶儿媳的眼。这对狗君臣狼狈为奸，对伍家大下杀手。

费无极

我有我的打算。伍奢与我同为太子建的老师，整个楚国都知道，太子建信任并重用伍奢。有你在，哪有我的出头之日？

楚平王

费无极和我联手制造了伍家惨案，把伍家一门全杀了。

伍子胥

别忘了还有我！

伍奢

我家老二还真是不白给。平王趁着宴请的机会，把我扣押。让我给我的两个儿子写信，想要一网打尽。我当时就告诉他，我大儿子伍尚听话，我让他来他肯定来，可我那二儿子绝不会糊里糊涂地来，不信？拭目以待。

伍子胥

我当时收到父亲的信，第一感觉就是凶多吉少。大哥二话没说，就按照父亲说的去做。我极力劝阻，可他听不进去，非去不可，因为那么做才符合他心目中忠臣孝子的形象。我思来想去这肯定是平王的阴谋。

楚平王

知子莫若父，伍子胥果如伍奢所说，根本没把我放眼里。我杀了伍氏全家，并派遣重兵去追杀伍子胥。

伍子胥

我开始了大逃亡之旅。好家伙，逃亡经历十分精彩。

渔父

那我估计就出大名了，伍兄。

伍子胥

老哥哥，你在乎那名声吗？要是在乎，你早在历史上名声大振了！且说我一路向东，疯狂逃命。到了边界昭关，竟然发现还得排队过安检。我当时已是楚国的头号通缉犯，正常通过安检的可能性为零。这可怎么办？哎呀呀……哎呀呀……愁得我啊，一夜之间，头发全白了。那一夜，我整个身心被不甘、

悲伤、愤怒、迷茫裹挟着，几近崩溃。不过头发白了也好，没准我能蒙混过关。可是没等我到达安检通道呢，楚兵就从关口出来，想要逮捕我。我一看，完蛋了，难道老天让我伍子胥死在昭关？我赶紧朝江边跑去。我发现江边芦苇丛里隐隐有条渔舟，我不顾一切地大喊："渔父，救我！"

渔父

我当时正在垂钓，眼瞅着鱼儿上钩，你这一嗓子把鱼儿都给吓跑了。我一边咒骂，一边循声望去，一个怪人——说是小伙子吧，须发都是白的；说是老头吧，脸上却没什么皱纹——正朝我的小舟奔来。赶上那天我想积德行善，就让他上了舟，把他带到对岸吴国的地界。

伍子胥

到了吴国地界，我终于可以歇口气了。精神一松弛，饿意来袭，我眼前一晕，差点儿栽倒在水里。

渔父

我去给他找点吃的，可等取食回来的时候，竟然找不见他了，于是我就喊："芦中人，芦中人，快出来吧，饭来了！"

伍子胥

其实，我特别喜欢"芦中人"这个名字，至今怀念它，要是我将来有幸成为一名作家，我一定以“芦中人”作为我的笔名。为了报答渔父的大恩，我想把随身携带的七星龙渊宝剑赠给他。

渔父

七星龙渊宝剑虽好，可是能抵得上楚国为捉拿你而给出的悬赏吗？我要是贪图钱财，早就把你送官领赏了。

伍子胥

是啊，天底下知道我行踪的人就是你了！

渔父

别怕，我死了，你的行踪就无人能知了。

伍子胥

可怜渔父，竟因我而死。这一切都是因楚平王而起，旧仇新怨到时候一起报。我到了吴国，找到吴王僚，跟他陈说楚国内幕，希望能立刻出兵，可是吴王僚尽管对我的遭遇同情，却无意伐楚。他好吃好喝地招待我。我却度日如年，心中流血。后来，我去给吴王僚的弟弟公子光（后来的阖闾）当幕僚。公子光一心想当吴王，我索性助他实现，然后让他承诺攻打楚国。

阖闾

这是一个非常靠谱的交易。我要是当上了吴王，不用伍子胥说，也要攻打楚国，因为吴国不能只满足于拥有太湖附近这些地域，应该像秦、楚那样去中原争霸。所以当伍子胥献上刺杀吴王僚的计策的时候，正中我的下怀，我俩心照不宣。

伍子胥

在我的巧妙安排下，游侠专诸把吴王僚刺死，阖闾成为新的吴王。吴国气象一新，庙堂之上，阖闾、我，还有军事奇才孙武，齐心合力，很快使吴国崛起。我们隐忍了十年。在实力允许后，阖闾兑现前言，倾吴国之兵伐楚。吴军势如破竹、所向披靡，与楚军五次交战之后就攻破楚国的都城。我喜极而泣，策马进城，让士兵扒开楚平王的坟，拉出他的尸体，狠狠地打了三百鞭。彼时彼刻，父母兄长的冤仇得报，我顿感一阵轻松，积压在心头十多年的沉重仇怨雪化冰消。

阖闾

伍子胥是大才，大仇得报之后，意气风发，辅佐寡人，带领吴国左右碾压，西攻楚，北镇齐、晋。

伍子胥

没想到一辈子大风大浪都过来了，竟在越国这个小河沟里

翻了船。阖闾在吴越大战中伤了脚趾，后来竟因伤而死，把国家交给了夫差。

夫差

我为了给父亲报仇，起兵伐越，把越王勾践捉到了吴国。

伍子胥

我建议夫差杀死勾践，以绝后患。可惜夫差翅膀硬了，不再听我的话了。

夫差

我好后悔啊，我要是听从伍子胥的话，也就没有后来的勾践复国、灭亡吴国的事情了。

伍子胥

你赐我自裁的时候，我就说了，要把我的眼睛挂到姑苏的城门上，我要亲眼看到越兵攻破都门。

杀父兄之仇，不共戴天，伍子胥为父兄报仇，真乃世间一等的英雄；伐强楚，威服晋、齐，使阖闾称霸，可谓天纵之才。不得善终，夫差之过，悲夫！

伍子胥

 × × 年

我发现江边芦苇丛里隐隐有条渔舟，我不顾一切地招呼：“渔父，救我！”

 6 喜欢　　2 评论

渔父

您这一嗓子，我的鱼都给吓跑了。

夫差

谁说不是呢！

名臣　商鞅

姓　　名：商鞅
生　　卒：约前 395 —前 338 年
出 生 地：今河南省安阳市
民族族群：华夏族
朝　　代：战国时期
职　　业：政治家、改革家、思想家、军事家、法家代表人物
大 事 记：变法图强、收复失地

进入会场

商鞅

演技榜 007 名 >

更多直播间 >

商鞅变法是大家耳熟能详的历史事件，可以说，秦国后来能够统一六国，商鞅的一系列变法为之奠定了深厚的根基。秦孝公死后，守旧派反扑，秦惠王不得不车裂商鞅，以保全商鞅创立的法制。商鞅人死法不亡，对此，商鞅无悔。有请本尊，亲自讲述这段波澜壮阔的往事。

参加这次大会的还有秦孝公、景监、公叔痤、魏惠王、公子虔、赵良。

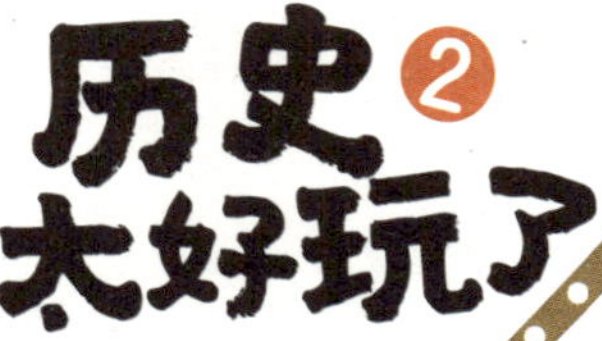

秦孝公：秦国第 25 任国君
景　监：秦孝公时宠臣
公叔痤：战国时期魏国大臣
魏惠王：战国时期魏国第 3 任君主
公子虔：秦孝公的哥哥
赵　良：秦孝公时期，曾劝商鞅隐退

商鞅

大家好，我就是商鞅，又叫卫鞅。我出生在卫国，后来到魏国国相公叔痤手下当了一个小官。由于我表现出色，公叔痤非常看重我，打算在魏惠王面前举荐我。可还没等举荐呢，他老人家就病倒了。

公叔痤

人老不以筋骨为能。我病重后，魏惠王来问后事。我告诉他，我的手下商鞅，虽然年少但有奇才，大王可以将国事交给他治理。

魏惠王

我当时觉得公叔痤是不是老糊涂了，商鞅这个人我听都没听说过，怎么可能把国事交给他治理呢！

公叔痤

我看出了魏惠王的犹疑，就告诉他，大王如果不肯重用商鞅，一定要杀了他，切不可让他流落国外，否则悔之晚矣。

魏惠王

公叔痤发昏病，先是举荐商鞅，后来又劝我杀掉他，为了一个小小的商鞅，值得这么折腾吗？我实在怀疑。

商鞅

魏惠王这个人，我是了解的，他虽然不会听从公叔痤的意见重用我，也不会听从他的意见杀掉我。但我也深刻地知道，魏国绝非我的用武之地。我听说秦孝公为了使国家强盛，正在招贤纳士。公叔痤一死，我就去秦国了。

秦孝公

我刚即位的时候，秦国正处于历史的十字路口。秦穆公所建立的霸业不复存在，经过厉共公、躁公、简公、出公等连续几代的混乱，秦国陷于内耗，实力大损，魏国趁机侵占了秦国的河西之地，中原诸侯鄙视秦国，视秦国为夷狄！我每每想到此处，心中感到非常苦痛。所以，我迫不及待地想要秦国富强，谁要是能帮我实现这个愿望，我不惜裂土封侯！

商鞅

到了秦国，我通过景监的介绍，得以见到孝公。我与孝公之间，并非如人们想象的那样，一见如故，互相认可，而是经过了四次会晤，才彼此信任。

景监

这四次会晤都是我促成的。第一次见面，商鞅和孝公谈了很久，可是他的话让孝公昏昏欲睡，提不起精神来。商鞅走后，孝公骂了我一顿，说商鞅是个狂妄的人，不值得重用。

商鞅

这一次，我跟大王谈了五帝之道，但大王志不在此。

景监

第二次见面，商鞅比上一次说得多一些，但是又没击中孝公的要旨。

商鞅

这次我以三王之道向孝公献策，孝公还是不喜欢。

景监

第三次出乎意料，孝公认为商鞅谈得很好，但仍然没有采用。商鞅离去之后，孝公对我说："这个商鞅很好，我可以跟他交谈了。"把我都搞蒙了。

商鞅

你不知道，我这次既不谈帝道，也不谈王道，只谈了霸道，孝公最想听的就是这个。

景监

第四次会晤，商鞅侃侃而谈富国强兵之策，不知不觉中，孝公的膝盖在席上一直向前挪动，可见这次商鞅的话十足地打动了孝公。他们君臣一谈就是好几天，孝公兴致盎然，不知满足。

秦孝公

经过这几番恳切的交谈，我对商鞅的才能有了大致了解。他说秦国要想富强，就必须施行变法。这可说中了我的心思。我安排了一次朝会，讨论在秦国变法的可能性。商鞅在朝堂之上，舌战群臣，打击了以杜挚、甘龙为代表的守旧派，坚定了我的决心。最后我任命商鞅为左庶长，开始进行一系列重大改革。

商鞅

我要在秦国打造一个法家治国的样板。我的变法大概有四个方向：编订户籍、奖励军功、鼓励耕织、依法治国。为了取得民众对变法的支持和信任，我命人在国都南门外立了一根三丈高的木头，下令说："谁能把这根木头搬到北门去，就赏给他十金。"老百姓都很奇怪，没有人敢去试。后赏金又增加到五十金，这次有一个不怕事的人把木头搬到北门，果真得了五十金。通过这件事，人们都相信我的话了，政令得以推行。

秦孝公

商鞅不遗余力地推行变法，宗室大臣都要守法，没有例外。偏偏这个时候，我的儿子，太子嬴驷，知法犯法。卫鞅决定依法处理太子，但太子是国君的继承人，不能施刑，就对太子的两个老师公孙贾和公子虔进行了严厉的处罚。公子虔的鼻子就是这个时候被割掉的。

公子虔

耻辱！天大的耻辱！自盘古开天辟地以来，也没听说君王的哥哥，一个没有野心、一心辅佐君王的国家重臣，竟被一个外来的大臣割去了鼻子，还美其名曰护法制，真是奇耻大辱，这个仇我永远不会忘记，只要我不死，我就要报仇！

商鞅

虽千万人吾往矣，改革难免会得罪人，但这不是不进行改革的理由。随着第一批改革政令获得很好的执行，我又适时地推出了第二批改革政令，包含：普遍实行县制；废井田、开阡陌，承认土地私有；统一度量衡；等等。在这次变法期间，秦国迁都咸阳。咸阳北靠高原，南临渭河，交通便利，物产丰富，特别是东扼函谷关，这为秦国向东方发展提供了很大的方便。

秦孝公

商鞅通过变法让秦国富强起来，使国库充盈，兵马强盛，是时候检验一下战斗力了。长期以来，魏对秦的威胁最大。所以，我跟商鞅决定对魏作战，收复河西失地。

魏惠王

真是三十年河东三十年河西，以前都是魏国打秦国，现在秦国竟然敢进攻魏国。魏国对外连年作战，国内空虚，我纵然有一百个不愿意，也不得不把河西之地还给秦国。这口气我能忍，可当我得知打败魏国的竟然就是公叔痤临死前让我重用的商鞅时，我一口气差点没上来。

秦孝公

商鞅夺回河西之地。我也不吝赏赐，封他为商君，把商於十五邑赐给他。

商鞅

我的人生达到了顶峰。

赵良

顶峰边上就是悬崖，除非你是个瞎子，否则应该看得见！

商鞅

赵良是我钦佩的人，他这么说一定有他的道理。

赵良

公子虔杜门谢客，已经八载；公孙贾受刑后逃入深山。这些人都不会忘记你的“功德”。你一出门，保镖如云，仆从如蜂，如果少了这些人，你都不敢出门。你的处境如同朝露，亡不旋踵。如果你要想活命，就把商於十五邑封地交还秦国，到偏僻荒远的地方浇园自耕。否则你这样独揽秦国大政，聚集百姓怨恨，孝公一旦故去，你的灾难就会接踵而至。

商鞅

难道你赵良也以为我是贪图权位和富贵的人吗？再高的权位，再多的财富，对我而言不过是一种体验而已，没有特别的意义。只有权位够高，才能保证变法不被阻断；只有财富够多，才能保证变法有坚实的物质保障。我要保证法治的血脉流入每一位秦人的身心，成为他们的习惯，那样秦国才能真正地强大。为了保证这样的效果，我担负点恶名和委屈，又算得了什么呢！

赵良

唉，世人真是看不懂商鞅的真实心思。

景监

世事无常。孝公一死，商鞅如断线的风筝一样，在天空不知所终地飘摇，直到被风无情地吹裂。公子虔、公孙贾等一大批守旧派迅速反扑，对刚即位的秦惠王形成巨大压力。保商鞅，不但君位难保，来之不易的改革成果也难保全；舍弃商鞅，君位和改革成果都可保全。秦惠王不可能不算这个账，所以最后只有牺牲商鞅。

我被秦惠王杀死，尸体被车裂后示众。我感到欣慰，我觉得秦惠王跟他的父亲一样，堪称我的知己。我深刻地知道，我虽然被分尸，但我的法在秦国遍地开花。这不就是我一生所求吗？这不就是我当初许给孝公的一个值得讴歌的结局吗？我值了。

孔子曰："求仁而得仁，又何怨。"商鞅是"求法得法"，自然也无愧于心。至于说他作茧自缚，那可是戴了"有色的眼镜"看人。其实，那是一种对真理的检验，商鞅最后安然就死，那是他知道，他的法不会死。

商於之地

赵良这人我很钦佩，他这么说一定有他的道理。

你就说，我说得对不对？

假如古代名臣有内心戏……

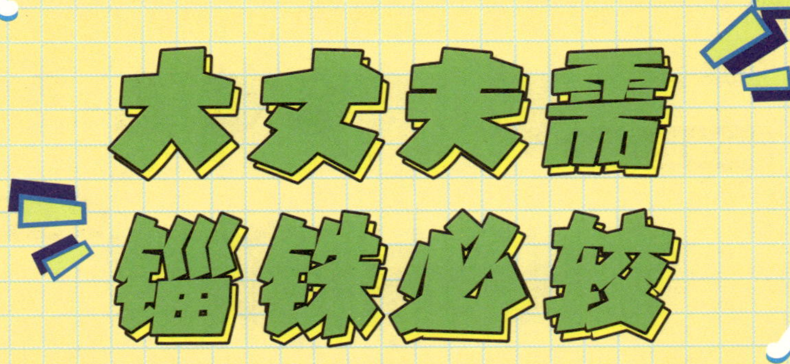

姓　　名：范雎（jū）
生　　卒：？一前 255 年
出 生 地：今山西省芮城县
民族族群：华夏族
朝　　代：战国时期
职　　业：政治家、纵横家、军事谋略家、战略家、外交家
大 事 记：远交近攻、蚕食诸侯、使秦成帝业

进入会场

范雎

演技榜 008 名 >

更多直播间 >

范雎是秦国统一六国进程中非常关键的一个人物。他提出“远交近攻”的战略，最终使秦国成就了帝业，功不可没。可谁想到，他曾经是一个在死亡线上徘徊的“草根”。从“草根”到位极人臣，这样的逆袭究竟是怎样发生的，有请本尊一吐为快！

参加此次大会的还有须贾、郑安平、秦昭王、宣太后、魏冉、蔡泽。

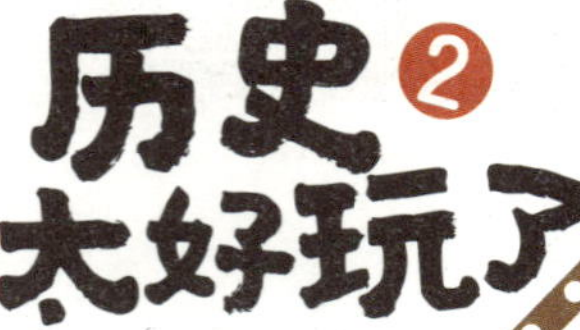

须　贾：战国时期魏国中大夫
郑安平：战国时期魏国武将
秦昭王：战国秦国第 28 任君主
宣太后：芈月，秦昭王的母亲
魏　冉：战国时期秦国重臣
蔡　泽：战国时期秦国相国

范雎

大家好，我叫范雎，也叫张禄。这两个名字之间似乎没有任何联系，但从范雎到张禄，再从张禄到范雎，发生了太多太多的故事，容我慢慢说来。我本是个“草根”，没权没钱，比穷光蛋也强不了多少。穷就穷吧，怎么还改名了呢？这还得从我的职业生涯谈起。我“自信人生二百年”，凭借我一张利口一定能够混得不错，可就是时不利兮。我想当官，就想找魏王自荐。可是我认识魏王，魏王不认识我啊。没办法我只好去中大夫须贾家谋职。

须贾

我本不想用这个穷小子，可正赶上魏王派我出使齐国，这小子说他的口才如何了得，我一瞧，多你一个不多，那就带上你吧。谁想到，这小子口才果然了得，到了齐国朝堂侃侃而谈，把齐王说得高兴，退朝后赏赐他黄金十斤，外加丰盛的美食。我可是全权大使，却被这小子抢了风头，我能放过他吗？

范雎

我为魏国争了光，回来后，须贾不但不谢我，还怂恿当时的魏国国相魏齐整治我。魏齐也是缺乏大量脑细胞的人，竟然听了须贾的谗言，要好好地对付我。

须贾

魏齐搞了一次答谢宴，专门慰劳我们这些出使齐国的人。范雎出席的时候，使团的其他人员无不对他愤然怒视。谁也不愿意跟这个抢了大家风头的人同坐。酒至半酣，魏齐就喝令左右："把这个通敌卖国的叛徒范雎拿下。"

范雎

忽然上来一群人，对我莫名其妙一阵打。魏齐和须贾在场哈哈大笑，毫不阻止。我才明白，这是他们故意整我。我人单势孤，无法反抗，只好任由他们打骂，最后我被打得实在挺不住了，晕了过去。我真以为要死在当场了。

须贾

我心想，坏了，我不过是想惩治一下他，可不想打死他。我赶紧让人去检验一下，看范雎死了没有。谁想魏齐把大手一挥，说管他死活干什么，拉出去，扔进厕所里！

范雎

魏齐让人把我扔进了相府的厕所。看厕所的老头早就对这样的事情见怪不怪，都懒得瞥我一眼。宾客三三两两地来出恭，解开腰带就朝我身上肆意地排泄。要说，还是我福大命大造化大，在厕所里假死了一阵子，竟然又活了过来。这把看厕所的老头吓了一跳。老头刚想跑，我叫住他，求他把我送到我的朋友郑安平家里，必有重谢。

郑安平

好家伙，老头把范雎送到我家的时候，我家所在的那条大街都被浓浓的粪臭味笼罩。我安排人把范雎冲洗干净，请郎中给他治病，服侍他休养，因为我知道范雎是个不可多得的人才，绝不会久处“草根”阶层。

范雎

这顿打终于把我给打明白了，做人不可太张扬，应该低调做人、高调做事才对。为了表示与自己的过往一刀两断，也为了重新做人，我把名字改为张禄。

郑安平

范雎身体康复后，隐姓埋名，等待时机。有一回，秦国的王稽出使魏国，由于随行人员不够，正在招募打杂工。我去应征，被录用。慢慢熟了以后，王稽就问我：“你们魏国有没有什么人才？”我说：“有啊，我家里就有一位张禄先生，有经天纬地之才。只是他跟人结仇，白天不敢出门。”王稽一听，那就安排见一面吧。

范雎

王稽在晚上秘密接待了我，我对其大谈天下大势、兵法纵横。王稽对我十分佩服、欣赏，当晚就建议我跟他一起回秦国。我心中大笑，我范雎岂甘当笼中之鸟？这下我可要一飞冲天了。刚入秦境，就碰到秦国相国穰侯魏冉在巡视。阵仗庞大，连随从人员的脸上都有跋扈之色。我知道秦国现在是这个人在掌权，我要想争得一片属于我的用武之地，非得干掉这个人不可。

秦昭王

范雎，你怎么想到我心里去了。这个魏冉是我的母舅，他跟我的母亲宣太后和我的两个弟弟联合起来，不把我放在眼里！

宣太后

傻孩子，我们还不都是为了你好，你非但不感激我们，还老是对我们咬牙切齿的。

范雎

秦昭王的处境，我早已有所耳闻。他想有所作为，可是已经被宣太后、魏冉这些楚系外戚包裹得太严了。我必须用一把利刃，把这层包裹剖开，昭王才能说了算，我才能获得一展才华的舞台。

秦昭王

说起我跟范雎的相会，三天三夜都说不完。范雎未见我之前，先扬言，说秦国的事，有他张禄则安，没他张禄则危，秦国危亡，事关重大，必须跟我面谈。我当时没有相信范雎的话，认为不过是夸夸其谈，就没有见他。

范雎

我在咸阳住了一年多，连秦昭王的影子也没看见。我就知道是怎么回事了。秦昭王还是没有信任我。我就给秦昭王写了一封信，信上婉转说出他身不由己的窘况。

秦昭王

我约范雎在离宫相见，那里人少，魏冉的眼线也不容易进入。范雎到了以后，根本没理我，直接向内宫闯去。卫士们赶紧去拦，这厮却高声说："秦国哪里有什么大王，秦国只有太后、穰侯罢了！"这句话正说中我的痛处，我让所有人退下，要跟范雎好好谈谈。

范雎

我要说的事情涉及大王的亲人骨肉，所以不敢贸然轻谈。我并非怕死，而是担心我死后，天下之人见忠臣之死，从此杜口裹足，不敢再到秦国来。如今大王上畏太后之严，下受奸臣之惑，以致国家倾危，这正是我所担心的事。

秦昭王

范雎一席话让我拨云见日。不摆脱母亲和魏冉的影响，我永远无法成长为一个真正的王者。于是，我当即下令，废黜太后，收缴了穰侯的相印，将他赶回自己的封地陶邑，并拜范雎为相国，将应地（今河南省鲁山县）封给了他，称其为应侯。

宣太后

儿啊，你忘了当初我是怎么帮你在朝堂之上立稳脚跟的吗？

魏冉

外甥，你忘了当初我是怎么把作为人质的你从赵国接回来的吗？

秦昭王

我没忘记。可我也没忘记，你从相国的位子上下来，回到封地去的时候，大大小小有一千多辆车装满了黄金珍宝！我要的是大秦的江山，不是你们贪恋的权势！

范雎

我也不含糊，在宣太后和魏冉被赶下台后，我献上了“远交近攻”的战略。正是这个战略，让秦国逐渐蚕食诸侯的领土，

最终实现了统一。所谓“远交”，指对距秦国较远的齐国、楚国先行交好，稳住他们；所谓“近攻”，指对邻近的韩、魏二国先行攻打，以除心头之患，并为今后东扩、南进扫除障碍。

秦昭王

从此，秦国占据了主动，六国任我驱驰！

范雎

要不是蔡泽的出现，我还以为我如日中天，会光照千古呢！

蔡泽

我跟范雎说：“魏冉倒台，历历在目，难道你就忘了吗？秦国的商鞅、楚国的吴起、越国的大夫文种，这些人的事迹您大概都知道吧？”

范雎

这些人立大功于当时，留名声于后世，为义而死，虽死犹荣，大丈夫理当如此！

蔡泽

糊涂！人生一世，建功立业，图的是功成而身存，这是最好的了；功成而身灭，这是次等的；名辱身丧，是最下等的。

你与国君的关系，未必如以上三人与其君王那样亲近；功业成就，未必如以上三人那样大；而你的权势地位、私家财富却远远超过他们三人。如果不及时隐退，恐怕将来的结局比他们三人还要悲惨。物盛则衰，天地尚且如此，何况人！

范雎

听了蔡泽的话，我不寒而栗。自古以来，功成身灭的，又何止这三人？就这样，我一颗争竞之心也就熄灭了。急流勇退，此其时也。于是，我称病辞职，向秦昭王推荐了蔡泽。

范雎出身“草根”，死里逃生，终于襄助秦昭王去除母族、掌握实权；又使秦国施行“远交近攻”之略，把六国玩弄于股掌之间，推进秦国统一的步伐，不愧是人中豪杰；后又急流勇退，退位让贤，不失为智者之所为。

范雎

 × × 年

这人嚣张跋扈，我想建功立业必须除之而后快。

 6 喜欢 

宣太后

有我在，谁敢动手？还反了你了！

魏冉

我第一次见把心声写出来的。

秦昭王

楼上的严肃点，我们在密谋大事。

假如古代名臣有内心戏……

是千古一相 也是无耻小人

姓　　名：李斯
生　　卒：？一前208年
出 生 地：今河南省上蔡县
民族族群：华夏族
朝　　代：战国时期、秦朝
职　　业：政治家、文学家、书法家
大 事 记：辅佐秦始皇统一六国、确立秦制、谋立胡亥、发明小篆

进入会场

李斯

演技榜 009 名 >

更多直播间 >

秦朝从建立到灭亡，短短十数年，仿若昙花一现。对于秦朝的灭亡，秦始皇固然负有不可推卸的责任，可李斯也罪责难逃。李斯本人或许不这么认为。他在秦朝兴亡的短暂历史中经历了怎样的心灵纠葛？有请本尊一吐为快！

参加本次大会的还有秦始皇、荀子、韩非子、赵高、胡亥、李由。

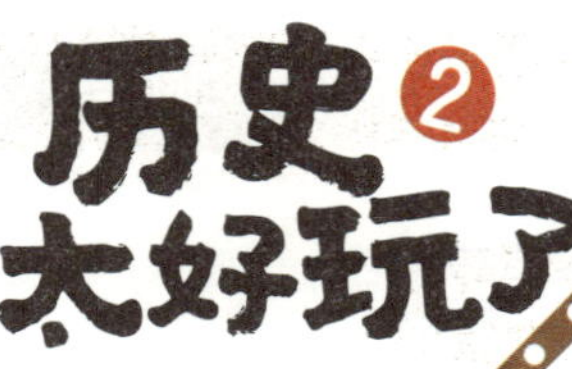

秦始皇：秦朝第 1 任皇帝
荀　子：战国时期儒家重要代表人物
韩非子：战国时期法家重要代表人物
赵　高：秦朝的权臣、奸臣
胡　亥：秦朝第 2 任皇帝
李　由：秦丞相李斯的儿子

李斯

大家好，我叫李斯，我最大的功劳是帮助秦王嬴政统一了六国，帮他确立了秦政制，别的我也没啥好说的。

秦始皇

老李，这两样就够你得意两千年的了，你没听后人说嘛，百代皆行秦政制，帝制搞了两千多年，这可都是你的功劳。

李斯

陛下，可惜您只占了帝制总时长的两千分之十，也就是二百分之一，整个秦朝也不过约为二百分之一点五，如此小的占比，微臣实在负有不可推卸的责任。

秦始皇

你也算不错的了，不过是立场不坚定而已，怪就怪胡亥跟赵高这个狗贼狼狈为奸，把朕的大秦给亡了！

赵高

我不过是给陛下掌印的，能掀起多大风浪？要是没有李斯跟我合谋，打死我也扶不起胡亥啊。

韩非子

李斯这个人，我是知道的。他大善大恶不足以界定，大智大愚也不足以辨别。他跟我一样，是法家传人。在秦统一六国的进程中，厥功至伟。他延续了商鞅的政治，使大一统成为历史的主流，影响了中国两千年的历史命运。他本人又爱好书法，精通篆书，但我要说他聪明反被聪明误。在大是大非问题上，正如陛下所说，立场不坚定，最后竟然把自己也给搭进去了。

李斯

知我者，韩非子也。我这个人从小就对环境很敏感，哪怕是面对厕所和老鼠这些不堪入目的东西，我也能悟出道理来。生活在厕所里的老鼠跟生活在仓库里的老鼠，境遇迥然有别，这对我的刺激很大。我认为人生如老鼠一样，有没有出息，完全是由不同的社会环境和社会地位决定的。做人就要像仓中鼠那样，切莫像厕中鼠。这就是我在少年时期形成的价值观。它支持着我从底层开始奋斗，一直到站到秦国权力的顶峰。

荀子

李斯是我的徒弟，我教他帝王之术。当他学有所成的时候，我建议他到秦国去。因为战国末期，六国势衰，秦国独强。各国有识之士为了实现自己心中的蓝图纷纷奔走入秦。外来人才在秦国被尊为客卿，得到秦王的信任和重用，商鞅、张仪、公

孙衍都曾以客卿的身份，在秦国建功立业。我希望李斯能够兴大我门，为我的弟子们大用于世开辟道路。

韩非子

师父，您算是看错李斯了。他到了秦国之后，只顾着自己发展了，根本不帮助同门。不帮助也就罢了，还嫉贤妒能，竟然把徒儿我给害死了。

李斯

谁让你比我强呢！

秦始皇

我独具慧眼，从吕不韦成千上万的门客中，提拔了李斯。他曾对我说："要想建立不世之功，就得抓住机会。当前秦国积聚六世余烈，正当强盛之时，大王又英明神武，就应该趁机消灭六国，实现统一。如果不珍惜这个机会，六国就会再度强盛，相互缔结盟约反秦。到那时候，大王纵使有黄帝的才干，也无力回天了！"我大为感动，当即任命李斯为长史。后来他又建议我，派遣谋士携带重金去游说诸侯，罗致贤士。诸侯名士有爱财的，就用重金贿赂，让他们为秦国谋事；不接受贿赂的，就派刺客去结果其性命，扫清统一道路上的障碍。这个计划成功后，再派良将紧随其后攻城略地，统一就在眼前了。

李斯

秦王对我言听计从，统一六国不过是时间问题。我有这个信心。俗话说：“天下熙熙，皆为利来；天下攘攘，皆为利往。”人总是甘愿为钱财而冒险，就像鸟儿甘愿为食而身陷牢笼一样。后世有个叫苏洵的，在他的《六国论》中说：“六国破灭，非兵不利，战不善，弊在赂秦。赂秦而力亏，破灭之道也。”看来他是懂我的。

秦始皇

就在李斯上升的过程中，突然爆发了“韩国派遣水工郑国修渠疲秦”的事件。我恼羞成怒，想也没想就下了一道诏书，把居住在秦国的六国人全部都赶出去。

李斯

秦国正是用人之际，秦王怎么会糊涂成这样呢？我赶紧上了一封《谏逐客书》，向秦王叙述利害。

秦始皇

李斯这家伙文笔斐然，他的《谏逐客书》称得上是一篇雄文。

李斯

那是！后世的鲁迅先生曾经说过：“秦之文章，李斯一人而已！”这可不是吹的。秦王觉得我是一个不可多得的人才，果断地采纳了我的建议，取消了逐客令。我被晋升为廷尉，成了秦王最信任的人。后来六国被灭了，我的各种建议都被始皇帝采纳，秦朝成为历史上第一个大一统的王朝。全国被分为三十六郡，郡以下设县；百姓称为“黔首”；收集天下的兵器，聚在国都咸阳，熔铸成巨钟，又铸造了十二个巨硕的铜人，每个重一千石，安置在宫廷里。有个叫淳于越的博士，反对郡县制，主张分封宗室子弟。这个时候，秦朝的法治观念已经很强了，他这种荒谬的观点立刻引起了始皇帝的不满。

秦始皇

我最反对以古论今，以古非今。这些腐儒是想把我建立的功业否认掉，重新过上他们遗老遗少寻求复辟的生涯，我决不能容许。所以我就进行了焚书坑儒，任由后人去骂。

李斯

其实，始皇帝不过是烧了一些杂书，坑杀了几十个腐朽的顽固派。焚书坑儒的说法显得太夸张了。

秦始皇

骂就骂呗，大秦是打出来的，难道还怕他们骂嘛！

胡亥

父亲，您要是再多活几年就好了，大秦可能就不会二世而亡了。

秦始皇

我多挺几年，也就没你啥事了，我的遗嘱是让你哥哥扶苏继位。

赵高

我早就看出来了，如果扶苏继位的话，没我的好下场。所以我选择拥立胡亥，虽然当时这看起来有点难，尤其是胡亥的口碑不好，又不是嫡子，立他的话得费一番周折，但总比下场差要好。于是我选中了李斯作为我的盟友。

胡亥

当时你跟我说了你的计划，我觉得一点都不靠谱。李斯跟父亲关系多好啊，怎么会在这种事上跟你同流合污呢？

李斯

唉，我真不知道该说什么好了。始皇帝晚年先后五次巡游全国。最后一次，我、赵高和胡亥随行。始皇帝从咸阳出发，出武关，沿丹水、汉水流域到云梦，再沿长江东下直至会稽。登会稽山，祭大禹，并刻石留念。在北归的时候，始皇帝得了重病，不久死在了沙丘。我怕引起天下大乱，就封锁消息，让人每日照常给他送水送饭。

赵高

始皇帝的死，我是清清楚楚的，他是痼疾复发。有人说是被我害死的，拿得出证据吗？始皇帝一死，我赶紧施行我的计划。第一步就是说服李斯跟我结盟。

李斯

赵高找到我，问我："始皇帝临死前，召扶苏参加葬礼的这封信，还没来得及送出去，现在在胡亥手里。决定由谁来继承皇位，全由你我说了算，你意下如何？" 我当时吓坏了，赶紧说明了自己的立场："这是亡国的言论，不是人臣应该议论的。"可是赵高下面的一番话，让我的立场松动了。他说，"扶苏刚毅而勇敢善战，他继位后必将任用蒙恬为丞相，那可就没你什么事了！"这句话一下子戳中了我的要害，我最怕有人将我的相位取而代之。我的心理防线一下子崩溃了，就这样上了赵高的当。

赵高

李斯答应站到我们这一边，我好比吃了定心丸。于是我把始皇帝的遗诏篡改了，把始皇帝召扶苏来咸阳送葬的书信，改为斥责扶苏"无尺寸之功""不孝"的信，命令他自杀，同时责备蒙恬"不忠"，也令他自杀。

李斯

我对不起扶苏和蒙恬啊。扶苏接到假诏书后，就乖乖地自杀了。蒙恬不肯自杀，但后来也被囚禁，服毒而死。就这样，胡亥继承了帝位。但这小子论治国，算是无能；论残暴，比他父亲还胜十分。

胡亥

我不过是想把父亲的陵墓修完，把阿房宫继续修好，为此不得已征发徭役，何有残暴之说？

李斯

坊间流传，“天下苦秦久矣”，难道你没听说过吗？我苦口婆心地劝你，你全当成耳旁风，你只信赵高的话，可赵高靠谱吗？

赵高

我有我的想法。你们以为我拥立胡亥，真的是想辅佐他吗？我是想取代他，扶苏太难搞了，毕竟人家有自己的班子。胡亥这个傻小子就不一样了，除了我，他没有任何人可以依靠，我将来取代他也就容易得多了。

李斯

我早就觉察出了你的野心！我告诫胡亥：“大秦要亡了，

如今反者已有天下之半了，昏君之心尚未领悟，奸臣赵高仍被重用。我不久就会看到，盗至咸阳，麋鹿游于宫苑。”

胡亥

我当时正喝酒呢，李斯跑过来胡说八道，让我大为扫兴，一气之下，我就把李斯投入了大狱。

赵高

我的机会终于到了。

李斯

赵高卸磨杀驴，他为了达成他不可告人的目的，趁机污蔑我与儿子李由谋反，对我严刑拷打，刑讯逼供，差点没打死我。

赵高

打死你，岂不是便宜了你！忘了我是做什么的吗？我可是搞刑名的，不过是没你们能叽叽喳喳罢了。李斯论罪，当腰斩。

李斯

呜呜，“吾欲与若复牵黄犬，俱出上蔡东门逐狡兔，岂可复得乎！”

父亲，早知道咱们就当厕中鼠好了，虽然脏点乱点，可还能保全性命。您这一生都在谋求仓中鼠的境遇，并且谋求永远保持这种优越的地位，显得多可笑啊！

明人李贽曾说：“始皇出世，李斯相之，天崩地坼，掀翻一个世界。”李斯的大功光耀千古。可惜为了一己私利，他竟与赵高同流合污，最终身败名裂。假如在沙丘时，李斯能与赵高划清界限，挺身而出，阻止政变，诚如司马迁所言：“斯之功，且与周、召列矣！”

< 发现　　朋友圈 

李斯

我做了这辈子最大的一件错事！

× × 年　　删除　　•••

赵高

这可是你自己选的，没人逼啊！

韩非

我的傻师兄，我该怎么说你呢？

李由

父亲呀，儿子明白您。

假如古代名臣有内心戏……

本想做社稷权臣，原来是马前一卒

姓　　名：晁（cháo）错
生　　卒：前 200 —前 154 年
出 生 地：今河南省禹州市
民族族群：汉族
朝　　代：西汉
职　　业：政治家、文学家
大 事 记：献策御边、建言削藩

进入会场

晁错

演技榜 010 名 >

更多直播间 >

七国之乱是发生在西汉初期非常有影响的一桩历史事件。七国之乱的平定，标志着西汉中央集权的进一步确立和加强。晁错在这场政治旋涡中，为国家利益冲在最前面，也因此牺牲了自己。有请本尊，一吐心中块垒。

参加此次大会的还有汉景帝、袁盎、刘濞。

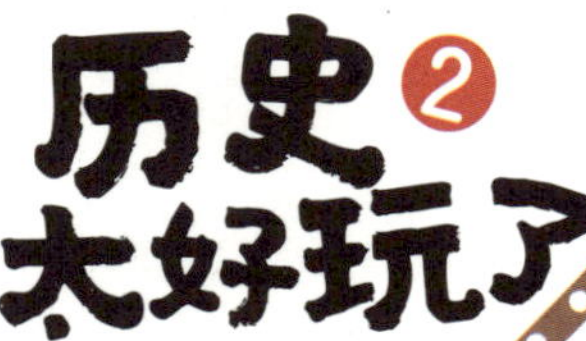

汉景帝：西汉第 6 任皇帝

袁　盎：西汉大臣，个性刚直，有才干

刘　濞：西汉“七国之乱”的发动者，被刘邦封为吴王

晁错

大家好，我叫晁错，生活在西汉号称“文景之治”的那些年。“文景之治”号称中国封建历史上第一个治世，可谓来之不易。纵然是世人眼中的治世，也是安放在火药桶上的，稍有不慎就有变成乱世的可能。

汉景帝

晁错是我的老师，他上面这番话，说的是我在位期间发生了七国之乱，差一点儿把“文景之治”给葬送掉。

晁错

汉初的时候，汉高祖刘邦吸取秦二世而亡的教训，大肆分封子弟为诸侯。后来吕氏作乱，刘姓宗族势力遭到削弱。汉文帝继位后，广施仁政，与诸侯王们和谐共处。景帝初立，各诸侯王开始翘尾巴，不把中央放在眼里。

汉景帝

像吴国这样的诸侯国，竟然私铸钱币，还在市场上流通，跟一个独立的小国家无异。我大汉朝是一个大一统的王朝，怎么能容许这样的“国中之国”存在？他们不把中央集权的皇帝放在眼中，这还了得！

晁错

汉初，高祖刘邦封给齐国七十多座城，封给楚国四十多座城，封给吴国五十多座城。这三个诸侯王的领地就占去了全国土地的一半。到了景帝时，中央直辖的地盘还不如诸侯王。于是，我给景帝上了一道《削藩策》，强烈建议削藩。

汉景帝

我跟吴国早就结下了仇恨。在我还是太子的时候，吴国世子来朝，跟我对弈，竟然敢跟我争棋路，态度十分傲慢。我一怒之下，就拿棋盘给了那厮一下，竟把他给打死了！

刘濞

此仇不报，我誓不为人！

晁错

不用你报，我们会找你的！我知道无论中央政府的政策如何，吴国早晚都会造反。与其让吴国牵着鼻子走，还不如把主动权掌握在自己手中。不削藩，中央政府的权威就会日益削弱；不削藩，皇上的权力就会大打折扣；不削藩，大汉帝国诸侯国林立、各自为政的局面便得不到收拾。长此以往，大汉就会分裂，国将不国。

汉景帝

轰轰烈烈的削藩运动就这样开始了。第一个被削的是赵王，因罪他被削夺了河间郡；胶西王刘印非法卖爵，他被削夺了六个县；楚王刘戊在薄太后服丧期间违制，被削夺了东海郡……

袁盎

晁错因为建议削藩成为皇上的红人。他去诸侯国巡视，俨然跟皇上亲自到访一般。真是小人得志！我不能让他再这么嚣张下去。

刘濞

我真该感谢晁错。要是没有他，我竟然连自己儿子的大仇也淡忘了。如今，新仇旧恨一起算。我联合楚王刘戊、赵王刘遂、济南王刘辟光、淄川王刘贤、胶西王刘印、胶东王刘雄渠一起起兵造反，不过我可没直接说反皇上，我的口号是："请诛晁错，以清君侧！"

袁盎

这一下让我看到了扳倒晁错的时机。我跟皇上说，吴国等七国并不想跟皇上过不去，只不过前一阵子晁错做得有些过分了，使诸侯失去了原来的封地，他们不得已才起兵。如果陛下能够诛杀晁错，平息七国怒火，他们也就息兵了。不废一兵一卒就可以安定国家，杀了一个晁错算得了什么呢！

汉景帝

我心里也对晁错埋怨起来，怨他操之过急，逼诸侯反叛。袁盎告诉我，除掉一个晁错，可以挽救国家危亡的局面。我当时就动了心，天真地认为，晁错一死就可以消弭兵灾，于是我一狠心……

晁错

唉！皇上一狠心，我就得分成两截了！可惜我的死，并没有阻止七国的兵锋。

汉景帝

晁错死后没多久，一个叫邓公的校尉从战场上回来。我问他，吴楚知道晁错已死，应该会罢兵了吧？邓公却说：“吴楚的矛头根本不是晁错，而是陛下和中央政府。如今陛下杀死晁错，内杜忠臣之口，外为诸侯报仇，真是太不明智了！”

晁错

知我者，邓公也。我建议削藩，就是怕诸侯强大难制，岂有不反的道理？皇上杀我，是上了袁盎的当了。袁盎与我素来不和。平时有他的地方，我不会去；我在的地方，他不会来。我俩从来没共处过一室。袁盎借机整我，偏偏皇上就信了！不过我为国家而死，也没什么好抱怨的。

汉景帝

我错了……

三个月后，七国之乱平定，除楚国留存，其余六国皆被废除。从此，西汉的中央集权制得以加强，基本上实现了晁错《削藩策》中所设置的政治体制。汉武帝上台后，首先替晁错平反，算是对汉景帝错杀晁错的行径做出了官方道歉。

晁错

 ×× 年

皇上一狠心，我就得分成两截了！我真想问问他是咋想的？

6 **喜欢** 3 **评论**

汉景帝

咳，这不是操之过急了吗？见谅哈。

袁盎

我就不信，我还治不了你了。

刘濞

我瞅瞅这是发生了什么天大的好事？！

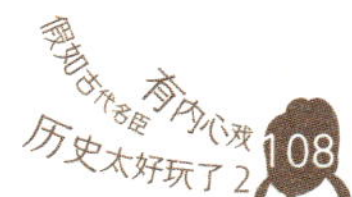

与新外戚们的恩恩怨怨

姓　　名：窦婴
生　　卒：？—公元前 131 年
出 生 地：今河北省衡水市东
民族族群：汉族
朝　　代：西汉
职　　业：政治家、军事家
大 事 记：协助平定七国之乱、新旧外戚之争、遗诏之谜

进入会场

窦婴

演技榜 011 名 >

更多直播间 >

西汉名臣窦婴，他作为旧外戚的代表与新外戚的代表田蚡进行斗争，成为汉武帝初期最重要的政治事件之一。他最终成为新外戚走向权力顶峰的垫脚石。在此过程中，窦婴经历了怎样的心路历程，且听本尊一吐为快！

参加此次大会的还有窦太后、汉景帝、汉武帝、田蚡、灌夫。

历史② 太好玩了

窦太后：汉文帝的皇后
汉景帝：西汉第 6 任皇帝
汉武帝：西汉第 7 任皇帝
田　蚡：汉武帝时期权臣、外戚
灌　夫：西汉大臣

窦婴

大家好，我就是窦婴。我的姑姑叫窦漪房，是汉文帝的皇后、汉景帝的母亲、汉武帝的祖母。我们窦氏为三朝外戚，显赫得不得了。但到了我这里，情况有了变化。我的姑姑老了，汉武帝大了，汉武帝的舅舅田蚡开始崛起。

窦太后

外戚干政是大汉建立以来绕不开的问题。开国之初，吕氏酿成巨祸，差点断送了刘氏江山。可是母以子贵，娘亲舅大，一个人当了皇帝，那他的母舅、表兄弟们怎么会甘心无所作为呢！

窦婴

我在外戚中是属于不受待见的。是吧，姑姑？

窦太后

你不受待见，自己不知道原因吗？

窦婴

小孩没娘，说起来话长。天下人都知道姑姑宠爱小儿子梁孝王。一次梁孝王来朝，兄弟宴饮。当时景帝还没有立太子，酒酣耳热之际，景帝拉着梁王的手从容地说：“我千秋之后，皇位就传给你了！”

汉景帝

我也就是那么一说，我们刘家可不兴兄终弟及那一套！

窦婴

可是太后当真了。我一看，这哪行啊，就进言道：“天下是高祖打下的天下。父子相传，这是大汉的规矩，陛下怎么能擅自传皇位于梁孝王呢！”

窦太后

我这个侄子哪里都好，就是不懂姑姑的心。我一怒之下，臭骂了他一顿，然后开除了他进出宫门的名籍，不许他入朝请安。

窦婴

就这样，我只好闲居在家里，无所事事。后来七国造反，景帝又想起了我。

汉景帝

在皇族成员和窦姓人中没有比窦婴更有才能的了。窦婴这个人，可堪大任，就是脾气轻浮，自视甚高。他在平灭七国之乱中，立下了赫赫战功，我封他为魏其侯。他一跃成为朝中最炙手可热的人物。

窦婴

景帝临终的时候，还赐我一道密诏，让我可以便宜行事。武帝初立的时候，窦太后的影响还很大，但她仍然不太待见我。

窦太后

我信黄老之术，而窦婴喜欢和那些儒生混在一起。

窦婴

姑姑年老体衰，根本不了解我们这位新皇帝。汉武帝青睐儒家，非常重视那个叫董仲舒的人。姑姑死后，窦家就开始走下坡路了。

田蚡

我是汉武帝的舅舅，他的母亲王太后是我同母异父的姐姐。窦太后死后，我的姐姐也想干政。她首先让汉武帝封我为武安侯，引为外援。

窦婴

我当大将军的时候，田蚡不过是个郎官，对我毕恭毕敬。谁料他当上武安侯后，成为政治新星，对我也不那么恭敬了。尤其是我姑姑去世后，窦家坐上了冷板凳，田蚡就更瞧不起我了。只有灌夫将军还肯跟我来往。

灌夫

我最瞧不起的就是趋炎附势之人！

窦婴

灌夫性情刚直，不愿意阿谀权贵，平灭七国之乱时，勇武盖天下。他不愿意去捧田蚡的臭脚，所以跟我一样不得势。

田蚡

我看中了一处水田，想要据为己有，没想到竟然是窦婴的。窦婴得知我的意图后骂我，说我身居高位，仗势欺人。灌夫帮腔，也对我出言不逊。也好，我正想整治这两个不知好歹的家伙。我派人搜集灌夫家族在颍川横行乡里的证据，交给廷尉，要求彻查。

灌夫

想搞我？我也不是吃素的！我也上了一道密奏，告发田蚡私通淮南王，接受贿赂。

汉武帝

我是坐山观虎斗。他们斗得越狠，我越高兴。这些外戚、豪强实在是太过分了，我正想抓几个典型呢！窦婴算起来是我的表叔。我这位表叔为人侠义，举世皆知。田蚡贪财好色，不是什么好人。可惜我最反感外戚和豪强的联手了。

窦婴

田蚡以为处处强过我，他是错打算盘了。汉武帝是在放任他，等着秋后算账。有一次，田蚡滥用人事任免权，引起汉武帝的强烈不满，埋怨道："你（田蚡）荐举的官吏说完了吗？我也有要任用的官吏呢！"田蚡有一次想侵占政府管理部门的土地，被汉武帝严厉地驳回，他愤怒地说："你为什么不索性把武库之地也占用了呢！" 凡此种种，说明汉武帝对田蚡的所作所为也渐渐不能容忍了。

汉武帝

大戏即将上演，让我们拭目以待。

窦婴

田蚡迎娶燕王之女，王太后下诏，所有列侯宗室都要参加婚礼。这大概是田氏外戚最风光、最得彩的时刻。我和灌夫也在被召之列。灌夫脾气倔强不肯去，硬是被我拉了去。席上，田蚡风光无限，向大家敬酒，大家都避席以表敬意。轮到我敬酒的时候，只有些故交老友避半席，大部分人都只是欠欠身子而已。

灌夫

这些趋炎附势的小人！我看不过去，要跟田蚡干一杯。田蚡不给面子，拒绝了我。我心里窝了好大的火。我敬到临汝侯的时候，他也拒绝了我。我可急了，把他大骂了一顿。

窦婴

灌夫酒劲上来，胡乱骂人，气得田蚡把他拘禁起来。接下来，田蚡就开始大规模地报复，判决灌氏族人死罪。灌夫也以“大不敬”的罪名被押在监狱里。

田蚡

灌夫背后的黑手是窦婴，要不然灌夫哪有那样的胆子！窦家如同破屋，就差我一阵狂风了。

窦婴

灌夫我得营救，要不然我还是个人吗？我偷偷地上书汉武帝，说灌夫吃酒闹事，还不致被诛杀。结果，汉武帝让我跟田蚡择日当廷辩论。

汉武帝

我想让他们彼此揭短、互相揭发，然后分别拿下，坐收渔利。

田蚡

皇帝最忌讳外戚跟豪强联合，而窦婴和灌夫就犯了这样的忌讳。这是我克敌制胜的法宝。

汉武帝

田蚡祭出撒手锏，我该收网了。

窦婴

田蚡污蔑我联合豪强，图谋不轨，我预感到不妙。汉武帝正想大有作为，最不喜欢外戚和豪强干预政事。看来我棋输一着，没防着田蚡这手。

汉武帝

我权衡再三，还是先除掉窦氏外戚吧，然后再收拾田蚡。

窦婴

我不甘心就死，想起汉景帝临终的时候，曾授我一道密诏，赋予我便宜行事的权力。可是老天爷跟我开了一个要命的玩笑，这道密诏只有我手里有，宫里面竟然没有找到存档。

汉武帝

没办法，宫内找不到存档的密诏，我也只好以“矫先帝诏”的罪名，论定窦婴“弃市”了。其实，说句心里话，即便找到了存档的密诏，我也要杀死窦婴。我跟他有感情，可是谁让他站到旧外戚的阵营里呢！我要大有作为，就要加强皇权，任何阻碍我的势力都会被我清除。

窦婴

汉武帝是我跟田蚡相斗的最终胜利者。但无情的事实是，我的死并不意味着外戚干政的结束，恰恰相反，更黑暗、更剧烈的外戚之间的斗争才刚刚开始。

窦婴事情不过是汉武帝时代外戚干政的一个缩影而已。他是个英雄人物，却走到了历史潮流的对立面，因而酿成了自身的悲剧。

窦婴

× × 年

我说……我有密诏，你们信吗？老天爷，玩笑开大了！

6 喜欢　　2 评论

汉武帝

我不信，谁爱信谁信！

田蚡

老窦呀，你可太逗了。

假如古代名臣有内心戏……

妄图投机必定自食其果

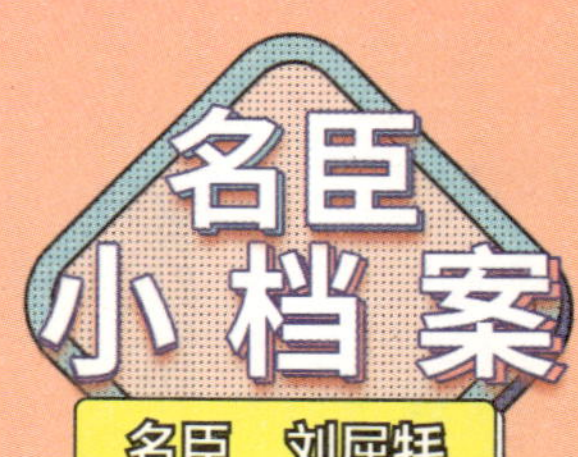

姓　　名：刘屈氂
生　　卒：？—前 90 年
出 生 地：今江苏省丰县
民族族群：汉族
朝　　代：西汉
职　　业：政治家
大 事 记：巫蛊之祸

进入会场

江：丞相不要怕，我来了。

你……就是你……还我命来。

兄弟，咱们可是一伙的呀！

我倒要看看你还能怎样狡辩？

刘屈牦

更多直播间 >

刘屈牦是汉武帝晚期的丞相，是他一手策划并实施了针对太子刘据的一系列阴谋，并最终致使刘据倒台，他也在随后的清算活动中被杀。他在整个巫蛊之祸中，究竟包藏了怎样的祸心？还是请他本人来一吐为快！

参加本次大会的还有汉武帝、李广利、刘据、江充。

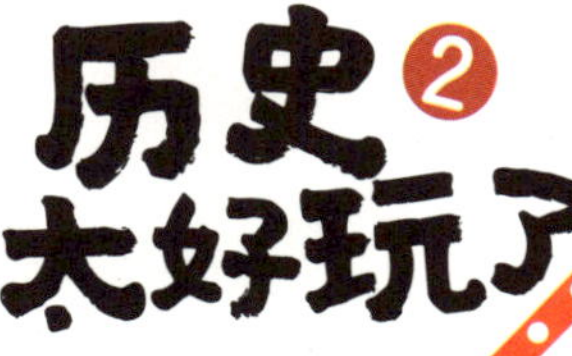

汉武帝：西汉第 7 任皇帝

李广利：汉武帝时期大将、外戚

刘　据：汉武帝的太子，因巫蛊之祸被废

江　充：制造巫蛊之祸

刘屈氂

大家好，我是刘屈氂，也是汉室宗亲，我忝列“名臣”之中，是因为我在汉武帝晚年制造了巫蛊之祸，太子刘据被害死。今天我是来忏悔赎罪的。

刘据

你的罪罄竹难书。

汉武帝

你的罪，就算你有一百个脑袋，也不够我砍的！

李广利

亲家，你何罪之有啊？

刘屈氂

李广利，你给我闭嘴，我都是被你蛊惑的。

李广利

晕……

刘屈氂

我能当上丞相，太出乎我的意料了。要是给别人，兴许能高兴上一阵子，可是我一天都高兴不起来。因为我深知，汉武帝的丞相不好当，十几个给他做过丞相的人，没有一个有好下场的。

汉武帝

哼，都不是我的对手！

李广利

亲家，你能当上丞相，还不是因为我们李家的缘故？当时，我妹子李夫人正得宠，“一笑倾人城，再笑倾人国”。要不是她在汉武帝面前给你说了不少好话，你这辈子也休想当上丞相！

刘屈牦

替我谢谢咱妹。我虽然不咋的，可是我儿子却娶了一个很有背景的儿媳，那就是李广利将军的女儿，李夫人的内侄女。有了这层关系，我就平步青云了。

汉武帝

好吧，你们成功地勾起了我的伤心往事。“罗袂兮无声，玉墀兮尘生。虚房冷而寂寞，落叶依于重扃。望彼美之女兮，安得感余心之未宁？”我的爱妃，你永远地离开了我，幸好给我留下了一个儿子。

刘屈牦

这位李夫人所生的孩子，就是后来的昌邑王刘髆。我跟李广利后来铸成大错，就是为了能够让昌邑王当上太子，以巩固我们两家的权势。唉，人心苦不知足！

李广利

我永远也忘不掉那些苦苦谋划的夜晚。烛光照如白昼，我们坐在一起，把所有能够让昌邑王上位的方法都想了一遍，彼此之间结成了攻守同盟。

刘屈牦

我看，应该叫狼狈为奸比较好。我当时完全丧失了人性和良知，竟然同意跟你一起扳倒太子刘据、卫皇后和卫大将军的势力。现在想想，富贵险中求，当时真是胆太肥了。

刘据

刘屈牦当上丞相后，一头扎入新兴李氏外戚的怀抱，成了拥立昌邑王的死党。李广利对匈奴作战，军功赫赫，他很快成了父皇眼前的红人，而我跟母亲、舅舅则靠边站了。

汉武帝

我上了年纪，对好多事情都怀疑，尤其是厌恶那些神啊鬼啊的，还有我虽然老迈，但权威还不容别人质疑，更不允许在我之外，搞小朝廷。

刘据

现在想想，我当时确实犯了父亲的忌讳，给外人以可乘之机。我跟他在治国理念和政治诉求方面极为不同，我总是想纠正他老人家的偏失之处，结果招来了父亲的反感。

刘屈牦

你只说对了一半。还有一层原因，那就是卫氏外戚势力太强大了，强大到让汉武帝不安的程度。卫青在太子你出生前已任车骑将军，全面主持对匈奴的军事工作。后来，外戚集团的实力不断壮大。元狩年间，卫青升任大司马、大将军，不仅掌有重大兵权，而且成为汉武帝新设立的朝廷最高决策机构——内廷的首领，自此卫氏逐渐坐大，权倾一时。后来又出来个霍去病，跟你们一脉相承，比卫青还受荣宠。眼看着你们卫氏外戚的权力不断增强，而且具备了持续性，这是谋求了一辈子专权和集权的汉武帝绝对不能容忍的。

汉武帝

朝中出现了两派：一派拥护我的开边兴利、改制用法的“大有为”路线；一派拥护“守文”的太子，主张走温和路线。这个太子处处跟我对着来，我实在受不了了。

刘屈氂

随着卫青的去世，汉武帝父子间的芥蒂越结越深，最终发展到不可收拾的地步。

刘据

舅舅死后，我跟母亲的处境越来越不妙了。父亲猜忌我们，新的外戚——以李广利和刘屈氂为首的昌邑王势力崛起，再加上江充这帮小人受到父亲的重用，甘愿投靠李氏外戚充当打手，所有这些都对我大为不利。

刘屈氂

扳倒太子的时机渐渐成熟了，可是我需要一个冲在前面的打手！

江充

丞相，你说的不就是我吗？我也是有来头的，可不是虾兵蟹将。想当初，我成功搞臭过赵国太子，让他死于狱中。

刘屈氂

我就是看中了你这一点。

江充

就算是大汉的长公主刘嫖（汉武帝的姑姑）的女儿——陈阿娇，我也不放在眼里。有一次，她外出办事，马车占用了天子用的驰道行驶，被我逮到，我铁面无私，将她随行的车骑全没收了。还有一次，太子有个家臣在天子驰道上疾驰，也被我发现，当场被严加惩办。太子亲自来说情，我也不买账。

刘屈氂

身为帝王本该如此。

汉武帝

唉，我也是老糊涂了，谁都信不过，偏偏信任江充这样的小人，我当时顽固地认为他敢于碰硬茬，刚正不阿。谁承想，这一切都是伪面具。

江充

我怕太子报复我，又觉得汉武帝不怎么喜欢太子，加上昌邑王是新兴力量，所以综合权衡之下，我决心把宝押在昌邑王这边。我手下有个叫苏文的，昔日曾与太子有嫌隙，也是千方百计地想要构陷太子。他整人的办法其实也简单，就是诬告。

刘据

有一次，我去拜见母亲，待的时间长了一点，苏文就跑到父亲那里，污蔑我调戏宫女。还有一次，父亲病了，他们诬陷我面露喜色，幸亏父亲还没有糊涂到别人说啥就信啥的程度，洞烛其奸，才让我免过一难。

刘屈牦

大难还在路上，让巫蛊先飞一会儿。

江充

能够扳倒太子刘据，公孙贺的功劳是很大的。

刘屈牦

公孙贺的儿子公孙敬声为非作歹，“骄奢不奉法”，擅自挪用“北军钱一千九百万”，案发后被捕。公孙贺想用逮捕要犯朱安世的方式给儿子赎罪。可是这位豪侠朱安世也不是好惹的，他被捕后，在狱中上书，举报公孙敬声和阳石公主私通，并用巫蛊诅咒皇上。

汉武帝

我最听不得这些事，千军万马我都不怕，就怕这些木头小人。有一次我午睡做梦，梦到突然有几千个木头小人，个个手里拿着棍子，拼命地往我身上打。我痛得不得了，吓出了一身大汗。我盛怒之下，就让刘屈牦彻查公孙敬声一案。同时我搬到甘泉宫去休养，留下皇后和太子监国。

刘屈牦

扳倒太子的机会终于来了。我授意江充，让他想尽办法将巫蛊的祸水引到太子和皇后身上。

江充

既知“上意”如此，又有刘屈牦丞相的支持，我也不用顾忌了。我招聘了一批胡巫，在长安城展开了大规模的调查取证活动，一时长安城里人人自危。老百姓为了不受酷刑，就以巫蛊相互诬告。我手下有个爪牙叫檀何，是个胡巫，自吹能望云看气。他煞有介事地说，宫里有蛊气，一定埋着不少木头人。我请示过皇上后，就带人到宫里去挖木头人。

刘屈牦

他“成功”地在卫皇后的寝宫和太子居住的博望苑搜到了许多木头人，在太子那里还挖出了一条布帛，上面写着咒骂皇上的话。

刘据

真是闭门家中坐，祸从天上来。刘屈牦和李广利终于对我下手了，我岂能坐以待毙？我被迫发兵，先捉到了江充，当场把他砍死，那些跟着江充作乱的胡巫也被绑在上林苑的树干上活活烧死，然后我带兵杀奔丞相府。

刘屈氂

江充出色地完成了他的角色任务，剩下的就靠我了。我听说太子谋反，连丞相的大印也不顾了，仓皇出逃，同时派人向汉武帝报告。

汉武帝

我开始根本不相信太子会反，心想这一定是江充他们逼得太急了。

刘屈氂

我当时丧尽天良，竟然指使苏文假装着跑出去晃一圈，然后回来报告皇上，让皇上确信太子真的谋反了。

汉武帝

我真是年老昏聩，对刘屈氂他们的话竟然信以为真，于是我赐给刘屈氂诏书，让他平叛。

刘屈氂

老子急了，要索儿子的命，这不正是我之所求吗？双方展开了一场混战，结果太子的军队很快被平定了下来，只是太子逃走了。

刘据

我带着家人逃亡至湖县，藏在泉鸠里一户人家。主人家贫，让家人织草鞋、卖草鞋以奉养我。为了生计，我使人去寻觅一个富裕的故人，结果被朝廷派出的密探发觉，遭到地方官吏的围捕。县卒张富昌破门而入，我不愿被捕后遭受小吏的欺辱，自杀身亡。

刘屈氂

太子一死，我的阴谋是成功了，下一步就是如何把昌邑王送上太子之位了。

汉武帝

你们还真把我当成老糊涂了？征和三年，我收到密报。李广利出兵匈奴，刘屈氂送至渭桥。李广利提醒刘屈氂，要把立昌邑王为太子的事情提上日程，刘屈氂心领神会，忙说：“吾意亦在”，“眼前的局面不是我们一直在心里谋划的吗？”这番话，被内者令郭穰听到，并密报给我。当时我就觉得，我被人利用了，我要让这帮人都付出惨重的代价。

刘屈牦

最后，我为我的罪恶买了单。我被腰斩，妻子被斩首于华阳街；同时，李广利的妻儿亦被收入狱中，李广利得知消息后，投降匈奴，李氏遂灭。

汉武帝

朕的据儿，父亲对不起你啊！我要为你建一座思子宫，以纪念你的冤死。

刘屈牦靠投机立身，为自己的政治前途，不惜践踏别人的生命，这种人尽管可能获得暂时的成功，其最终下场只能是输得更惨。

< 发现　　朋友圈　

刘屈牦

太子一死，我的计划就成功了一半，下一步嘛……

××年　　删除　　•••

刘据

我做鬼都不会放过你。

李广利

团结就是力量。

汉武帝

我稀罕搭理你们，怎么还没完没了了?

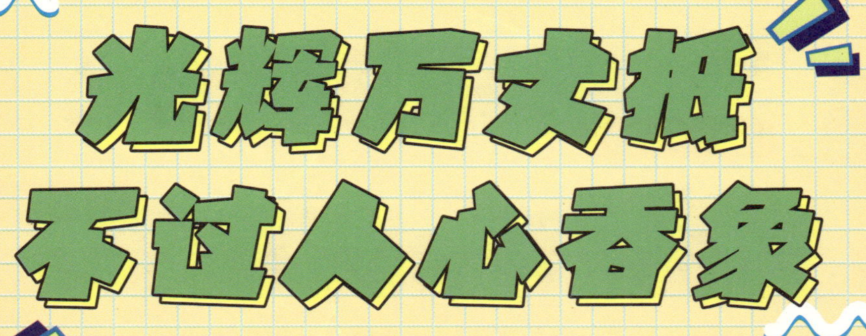

姓　　名：霍光
生　　卒：？一前 68 年
出 生 地：今山西省临汾市
民族族群：汉族
朝　　代：西汉
职　　业：政治家
大 事 记：辅佐幼主、废海昏侯、昭宣中兴

进入会场

本想快乐一生，谁承想……

我年少继位，公务全仰仗霍光了。

我就不明白了，我怎么就不听话了？

身为霍光的老婆，我备感骄傲。

哎呀……母亲，女儿不嫁！

霍光

演技榜 013 名 >

更多直播间 >

提起霍光，世人往往都把他跟伊尹并称，称为“伊霍”，把权臣当政，想换掉皇帝的行为，称为“行伊霍之事”。霍光一手打造了西汉的“昭宣中兴”，但霍氏家族却在这场中兴中惨遭灭门。背后的狂风骤雨，一定会让人触目惊心吧。有请霍光一吐为快！

参加此次大会的还有汉昭帝、刘贺、霍显、霍成君、汉宣帝。

历史②太好玩了

汉昭帝：西汉第 8 任皇帝

刘　贺：西汉第 9 任皇帝，后被废为海昏侯

霍　显：西汉时期大将军霍光之妻

霍成君：汉宣帝第 2 位皇后

汉宣帝：西汉第 14 任皇帝

霍光

大家好，我就是霍光。关于我的非议无外乎两点：一是我废掉了昌邑王刘贺，改立汉宣帝刘询；二是我放任老婆霍显胡作为非，最终把霍家断送。关于第一点，我承认我确有私心；但第二点，男人对自己的老婆能有什么好办法呢？

汉昭帝

我先说两句啊。霍光作为托孤重臣，还是合格的。我父亲汉武帝临终的时候，曾让人画了一幅画，画的是周公背着周成王听政的故事。他的意思是告诉霍光要像周公辅佐周成王那样辅佐我。我可以负责任地说，霍光做到了。我即位的时候年纪还小，大小政务皆由霍光打理，这才有了“昭宣中兴”的雏形。

霍光

可是您身体不好，年纪轻轻就走了，又没有留下子嗣，谁来接班成了老大的难题。

刘贺

你心里不早就想好了吗？

霍光

人总有失算的时候。

刘贺

你选择了我，就是最大的失算。我本来是个快乐王爷，小日子过得有模有样、有滋有味，谁愿意当破皇帝啊？我从小可就听说，皇帝身边有个大权臣，皇帝全没一点自由和主张。我一听就生气，那样的日子我一天也不愿意过。

霍光

我选来选去，选中了昌邑王刘贺。以为这个小子年纪尚小，应该好控制，我一来可以继续掌控政权，二来可以继续推行汉昭帝以来制定的大政方针。没想到，这小子不识抬举，简直是来给我捣乱的。

刘贺

当我被通知要去长安当皇帝的时候，我就恨死霍光了。我深深地知道，我的好日子结束了，火炉上的生涯开始了。霍光想把我放到火炉上烤。我赌着气，在路上磨蹭，不愿意进京。好不容易到了长安，什么坏事我都干，完全不跟霍光合作。

霍光

刘贺这小子简直是个疯子，完全不听我的话，他把二百多个昌邑旧臣都封了高官，连个招呼都不跟我打，还在宫里胡作非为。我一看，我完全摆弄不了这个顽劣的小皇帝，这不是请来个瘟神吗？

刘贺

呵呵！你难道不知道请神容易送神难吗？

霍光

那是别人，我霍光是什么人，汉武帝面前我都横着走，还在乎你个小毛孩子吗？跟我斗，你还嫩呢！我让刘贺回到昌邑故地，让他一边凉快去。

刘贺

轻轻地我走了，不带走一片云彩。你们好好玩，我去南昌修墓地去喽！

霍光

我还得继续找新的接班人，这回我可得把眼睛擦亮。丙吉向我推荐了卫太子刘据的孙子刘询。这位刘询本来受到巫蛊之祸的牵连被关押在大狱中，多亏丙吉的救助，才流落到民间，保全了性命。丙吉这个人，我还是很信任的，所以我就让人把刘询接到了宫里。

汉宣帝

我就是刘询。丙吉先生教过我读书，加上我童年的艰辛生活，导致我有些早熟。当霍光让我去当皇帝的时候，我有一种预感，这个选择了我的人，一定是个非常难对付的人，我得加倍小心才行。

霍光

你要是老老实实地听话，我是不会废掉你的。

汉宣帝

我要是不听话呢？

霍光

嘿嘿，那就看是什么事了。

霍显

我是霍光的老婆。我们家老霍在朝中的地位那还用说吗？他连皇帝都敢换掉，还有什么做不了的。刘询被立为皇帝的时候，我就跟老霍说，这次不能让这个小皇帝跟匹野马似的了，得管制约束一下，把我们的女儿嫁给他当皇后，剩下的事情不就好办了吗？

霍光

老婆说得在理。上官太后（汉昭帝皇后）是我的外孙女，当今皇后又是我的女儿，大汉朝里里外外都是我霍家的势力，那有多好啊。

汉宣帝

你想多了，我有原配。

霍显

刘询为了不娶我们的女儿，竟然发了一道诏书，说他贫贱之时曾有一把旧剑，现在非常怀念它，想要大臣们帮他找回来。要是没有我们家老霍，你连找旧剑的力气都没有。告诉你，你只能娶我们家霍成君。

汉宣帝

我的原配叫许平君，是在我落魄的时候就嫁给我的，我们之间伉俪情深，谁也不能破坏！

霍光

朝里的大臣都忙着给新皇帝找旧剑呢，我还看不出来吗？我霍光是什么地位、什么人物，怎么会把自己的女儿强塞给他呢？那也太掉价了。

霍显

不行，刘询不娶成君，我绝不答应！

霍光

你可别胡来，他可是皇帝！

霍显

他是你立的皇帝！哼哼，你既然废过刘贺，为什么不能废刘询？

霍成君

母亲，我可不想当皇后，人家又不爱我，我干吗非得给人家当媳妇啊？现在，许平君被立为皇后了，我还凑什么热闹啊。

霍显

你别管，我自有主意。

霍成君

母亲真够狠的，竟然买通了许皇后贴身的御医淳于衍，让她给许皇后下毒。

我要用事实告诉世人，主宰这个天下的人姓霍，不姓刘！得罪了霍家，你们都得死！

唉，这个女人，什么事都敢干！我拿她一点办法都没有。

许皇后不明不白地死了，难道我是个傻子吗？霍光难道永远不会死吗？等他一死，我就跟你们霍家算总账！

我父亲一死，皇上就开始清算霍家的罪行。我母亲不识时务，不知收敛，硬往枪口上撞，结果毒杀许皇后的事情东窗事发；我哥哥霍禹跟一些不三不四的人交往，那些人竟怂恿他谋逆篡位，结果也被人举报。数罪并罚，霍家竟在父亲死后不到两年，遭遇灭门之祸。我也在霍家被灭后不久，被打入了冷宫。

我对霍家算是好的了，最起码没有把霍光从棺材里扒出来鞭尸。我对霍光本人还是很欣赏的，对他的业绩也很肯定。我用天子之礼送葬他，就是向天下人宣示了霍光的巨大功劳。可感情归感情，霍家的账不能不算。

盛极则衰，荣极而辱，霍光家族之谓也。伊尹放逐太甲，而后还政，还不失为良相；霍光贪恋权位，纵容亲党，不过是外戚一权臣罢了，离良相贤臣甚远！

< 发现　　朋友圈　　

霍光

啊哈哈哈哈哈哈，那有多好啊！

× × 年　　删除　　•••

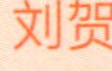

刘贺

请还我自由！

汉宣帝

你想多了，好事都是你一家的？

霍显

夫君英明神武！

假如古代名臣有内心戏……

姓　　名：鲁肃

生　　卒：172 — 217 年

出 生 地：今安徽省定远县

民族族群：汉族

朝　　代：东汉

职　　业：战略家、外交家

大 事 记：为孙权策划天下大计、联刘抗曹

进入会场

鲁肃

演技榜 014 名 >

更多直播间 >

我们从文学戏曲、影视作品里知道，赤壁之战主要是诸葛亮和周瑜的功劳，鲁肃在里面充其量是个配角，可是真实历史中的鲁肃却深谋远虑、高瞻远瞩，是三国时代叱咤风云的人物。有请鲁肃，吐露心声！

参加此次大会的还有孙权、周瑜、诸葛亮、罗贯中。

历史太好玩了 2

孙　权：三国时期吴国的建立者

周　瑜：东汉末期东吴名将

诸葛亮：三国时期蜀国丞相

罗贯中：小说《三国演义》的作者

鲁肃

大家好，我是鲁肃，字子敬。我今天来到名臣大会的现场，就是要纠正一下《三国演义》的作者罗贯中给我设置的带有偏见的人物性格。姓罗的，我记得我是东汉末年的人，你是元末明初的人，你我素不相识，我也没得罪过你，你为什么在书中把我写成那样？

罗贯中

（流汗）……

孙权

子敬，这个姓罗的怎么贬低你了？跟我说说，我给你出气！

鲁肃

说起来就是一肚子气。罗贯中这个后生写《三国演义》的时候，完全站在刘备的立场，把曹魏和咱们东吴贬斥得不行。就拿我来说吧，我怎么说也是“江东四英”之一，为主公立下过汗马功劳，在赤壁之战中叱咤风云、纵横驰骋。怎么到了他罗某人的笔下，我竟然成了一个二等配角，成了周瑜的跟班，以及诸葛亮面前的孩童？真是岂有此理！

罗贯中

我这不是为了书籍能够畅销吗？你哪里知道，元朝统治残

暴，汉人没有地位。我站刘备、诸葛亮的队，就是因为他们能激起老百姓的同情和认同，这样我的书就能多卖一些，我也有老婆孩子要养啊……

周瑜

你简直是个浑蛋！子敬我是最了解的，他是大英雄。想当初我还是个小小县令的时候，为了对付黄巾军，去向子敬借粮。当时子敬正带领一伙有志青年练习击剑骑射，见我来借粮，二话没说，就把他所拥有的两大粮仓之中的一个全给了我。子敬好出奇计，这是四方皆知的，你小子敢说他是我的跟班？看我不掐死你！

鲁肃

我就是从借粮那次交往开始，和周瑜成了莫逆之交。袁术知道我的名声，要征召我，我连理都不理。后来，在周瑜的引荐下，我才投奔了东吴，归附了孙策，在其死后又继续辅佐孙权。

孙权

子敬，还记得咱们的《榻上策》吗？

诸葛亮

《榻上策》？我怎么不知道，跟我与刘备的《隆中对》有什么关系？

周瑜

孔明，你别装傻！

鲁肃

主公爱才，又因为我是周瑜推荐的，所以立刻就召见了我。君臣之间，相谈甚欢，从日中一直聊到傍晚。到了晚饭时间，诸臣宾客都已散去。我也要告辞，主公却拉住我的衣袖，要留下我一起喝酒吃饭，然后继续畅谈。

孙权

子敬是大才，我要向他讨教如何在父兄遗业的基础上，建立齐桓公、晋文公那样的霸业。

鲁肃

当时我跟主公对榻而坐。我向主公建议，如今天下大乱，汉室已不可复兴，曹操也不能很快灭除。将军只有鼎立于江东，趁北方未定之时消灭黄祖，再进攻刘表，守住长江之天险，然后称帝，进而统一全国，建立汉高祖那样的大业。

孙权

一席话说得我血脉偾张。

诸葛亮

这个战略我太熟悉了，子敬，可不带这么玩的，你是不是偷学我？

周瑜

你可拉倒吧，子敬的《榻上策》比你的《隆中对》早了七年。现在我严重怀疑，你当时隐居隆中，多有朋友在江东走动，是不是哪个把子敬的这个战略透露给你了。你参详透后说给大耳刘备听，把他迷住了！

诸葛亮

（流汗）……我的羽扇呢？

孙权

子敬是上天赐予我成就霸业的。当时我虽然没有正式认可子敬的战略，但内心里已把他认作我的股肱之臣了。文有鲁肃，武有周瑜，我何惧哉！

罗贯中

吴侯，你可别骄傲，曹操的八十三万人马已经南下了！

孙权

刘表死后，子敬让我与荆州结盟，在他眼里，荆州是成就霸业的根基。刘备当时正在荆州，我让子敬到荆州去打探虚实。

鲁肃

我刚抵达夏口，就听说荆州已为曹操所得。刘备仓皇南下，准备南渡。在这种严峻形势下，最好的情况就是能够联刘抗曹了，所以我到当阳去见刘备。刘备非常认可我联合抗曹的谋略，派出诸葛亮跟我回江东，促成孙刘联盟事宜。

周瑜

这是事实，孙、刘联盟抗曹的谋略也是子敬首倡的。姓罗的，你怎么把这件功劳也安到了诸葛村夫的头上？

诸葛亮

大都督，虽然你死得早，但我还是可以告你诽谤！

罗贯中

二位别吵，都怪我，我不该过多地考虑市场因素，而忽略了历史人物的感想。

诸葛亮

大都督，你说子敬首倡孙、刘联盟，有何证据？

罗贯中

孔明啊，你别不服了，我告诉你吧，裴松之在《三国志》注释中，明确表示："刘备与权并立，共拒中国，皆肃之本谋。""建计拒曹公，实始鲁肃。于时周瑜使鄱阳，肃劝权呼瑜，瑜使鄱阳还，但与肃暗同，故能共成大勋。"

孙权

一点不假！曹操举大兵南下，江东陷入慌乱状态。人们的印象是，文官主降，武官主战。其实不是这样的。文官只有张昭那些腐儒主张投降，子敬是坚决主战的，武官之首的周瑜也绝不投降，因此才有了东吴的抗曹。

诸葛亮

吴侯，你把我主刘备和我孔明当成空气了吗？

孙权

真尴尬！当然了，你们也出了力了。

鲁肃

我最受世人诟病的，是借荆州给刘备这件事。我只能说，我的深意，世人有几人能知？我可以保证，这件事诸葛亮应该懂，还有一个懂的人，就是曹操。当曹操得知在我的建议下，吴侯把荆州借给刘备的时候，吓得笔都掉在了地上，当初跟刘备煮酒论英雄的牛气劲荡然无存。

周瑜

子敬，到现在我也不清楚，你为什么主张把荆州借给刘备呢？

鲁肃

到如今已经过了保密期，我也可以说了。把荆州借给刘备有两大好处。其一，荆州是江东的屏障，由刘备去守，东吴就可以休养生息，荆州跑不了。刘备为了守住荆州，会耗费大量的人力物力，东吴则赢得了一个广大的缓冲带，进可攻退可守，先机在我而不在人。其二，不给刘备点地盘，让他具备跟曹操对抗的基础，怎么实现孙、刘联盟的大略？别忘了，当时最主要的矛盾是抗曹，孙、刘如果各自为政，恐怕没有一个是曹操的对手。

诸葛亮

我说什么来着，子敬最识大局！相比之下，周都督就有点小家子气了。

周瑜

哎哟，我胸口疼……

鲁肃

好可惜，我苦心经营的孙、刘联盟在我死后两年就瓦解了。当年赤壁一起抗曹的真心合作的场景再也没有出现过。

罗贯中

看来我要向出版机构提出修改稿件的申请，不能埋没了鲁肃这样能文能武的狠角色。

诸葛亮

算你识相！你还瞎写，说什么周瑜死后，我去吊唁，完全是胡说八道。子敬死的时候，我才真的是去吊唁了，见证了他最后的哀荣——吴侯亲自到墓地送葬，登上祭坛致祭。

鲁肃是一位名副其实的战略家，成就鼎足三分的操盘手，罗贯中的《三国演义》误人不浅，读者当具火眼金睛，好好考察史料，还历史人物一个清白。

小剧场

黄祖
刘表

登基
咱们就这么办……

噢，原来如此。

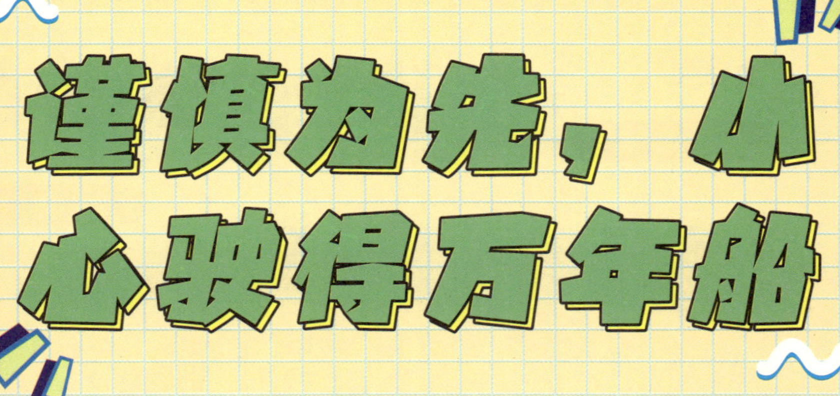

姓　　名：诸葛亮
生　　卒：181 — 234 年
出 生 地：今山东省沂南县
民族族群：汉族
朝　　代：三国时期
职　　业：政治家、军事家、散文家、书法家、发明家
大 事 记：隆中对、赤壁之战、北伐中原

进入会场

诸葛亮

演技榜 015 名 >

更多直播间 >

现在要出场的是大名鼎鼎的诸葛亮。他的故事已经被《三国演义》讲得差不多了，陈寿的《三国志》里也有详细的描述，但是似乎他还想亲自澄清两件事情，究竟是什么事呢？有请诸葛亮，一吐为快！

参加此次大会的还有刘备、刘禅、李严、魏延。

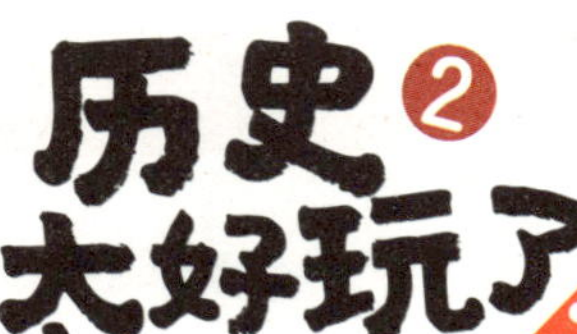

刘备：三国时期蜀国的建立者

刘禅：三国时期蜀国第 2 任君主

李严：三国时期蜀国大臣

魏延：三国时期蜀国大将

诸葛亮

大家好，我就是诸葛孔明，《三国演义》把我写得近乎妖化，简直是个妖道的形象，其实我也是个普通人。在辅佐刘备三分天下的过程中，包括后期辅佐刘禅北伐中原，我都犯过不少的错误。在这里，我着重澄清两件事：一件是白帝城托孤的事；另一件是处理魏延将军的问题。我先来说说托孤的事。当时，关羽被东吴杀害，刘备执意要报仇，我坚决不同意，因为弄不好，好不容易积攒的这点家底都要被打光。可刘备不听，起兵攻吴，结果在夷陵吃了败仗，败退到白帝城休整。刘备自觉不妙，就把我和李严叫去，准备托孤。

刘备

现在方知，托孤也是个技术活儿啊，得平衡各种力量，确保我儿刘禅能坐稳龙椅。孔明我是绝对信任的。这个李严是益州旧臣，我本不想拉着他托孤的，可是形势不容许啊，要是托孤重臣都是荆州这边的人，益州那边的人就该不高兴了，我两边都得平衡啊。

诸葛亮

刘备对我有知遇之恩，我以死报之都不为过。当他说出“刘禅可保则保之，不可保则代之”的话的时候，尽管我心里也有些疑虑，但我仍愿意相信他是以一片赤诚之心待我。人之将死，其言也善。他信了我一辈子，我就不能信他这么一回吗？所以我不相信世人说的，他安排李严是为了掣我的肘。那是以小人之心度君子之腹。我当时唯一想的，就是好好地辅佐刘禅，以报刘备知遇之恩。

李严

我可以做证，刘备死后，我曾劝诸葛亮加九锡，甚至试探他，让他称王，都被他严词拒绝了。我那时才相信，诸葛亮真的是忠心，为了刘备和刘禅可以做到鞠躬尽瘁，死而后已。

刘备

其实，我真不是怀疑孔明，实在是想给我儿刘禅增加更多的保障。孔明的忠心，李严的监督和牵制，刘禅就可以坐享其成了。为父的，哪个不是煞费苦心！

刘禅

感谢父亲！感谢相父！我十七岁便继位，在位四十年，其中孔明辅佐了十一年。我是比较幸运的，蜀国几代丞相都很有本事，将领也不差，这都是父亲费心费力的结果！

诸葛亮

关于魏延将军的问题，我承认我有错误，在这件事上有两点争议：第一个就是子午谷奇谋可不可取；第二个则是我用人的问题。子午谷奇谋在历史上闹得沸沸扬扬，其实就是魏延所主张的伐魏的路线，即领兵一万从汉中出发，沿艰险的子午谷道向北进发，途经长安等地，然后毫不停留直奔潼关，抢占这处天险并坚守二十余日，只待我率主力前来。然后两军会合，则关中全境为蜀所有，北伐将大获成功。这与我出祁山、奔上邽、占街亭的线路比起来，更加奇险怪谲。当魏延提出来的时候，我虽然眼前一亮，但很快就给否决了。

魏延

用兵在于"以正合，以奇胜"。人们管我的计策叫子午谷奇谋就是这个道理，我要的就是兵贵神速的效果，以出其不意的速度穿越子午谷，直抵长安，这要比走祁山、街亭那条路线快多了。其实，子午谷奇谋并不难实现，只要满足三个条件就行：一是行军速度要足够快；二是东吴帮忙牵制；三是魏军防守不足。这三个条件中，一跟二是咱们自己能控制的，风险只在第三点。

诸葛亮

平心而论，子午谷奇谋并不是不可行，高风险伴随着高收益，就看我们能不能接受风险爆发后的损失。其实子午谷奇谋就算失败，不过是损失一万兵马，并不会伤筋动骨。魏延能提出这样的奇计，我很高兴。不过，我这个人有个毛病就是太谨慎，不是有一句话说得好嘛，“诸葛一生唯谨慎”。尤其是到了北伐的时候，我年纪大了，小心的程度较从前更甚，对于有点风险的东西我都不愿意去尝试，只想步步为营，以小胜利积累大胜利。因此，我思索再三，还是以风险太高为由，把子午谷奇谋给否决了。

魏延

马谡失街亭导致北伐失败，成本不是更高吗？

诸葛亮

我要检讨我用人的问题。先帝早就说过马谡言过其实，不可重用，我当时偏偏给忘了。

魏延

你不觉得你的每一次北伐，都是因为粮食供给不上而不得不无功而返吗？你不觉得你的北伐大多都是一场远足，没有激烈的画面，只有长途的跋涉吗？为什么不肯试试我的子午谷奇谋，万一成功了呢？

诸葛亮

不会成功的，我有我的顾虑。以当时蜀国与魏国的国力差距，想要以这种方式赢得战争，无异于痴人说梦。我绝不会把蜀国的命运押在万分之一的可能上。

魏延

我难道还不如那个只会读兵书的马谡?

诸葛亮

唉！是我不会用人，更不会打仗，好了吧。我只有这颗鞠躬尽瘁的心。

诸葛亮一生最让人仰慕钦敬的真的是他那副“鞠躬尽瘁，死而后已”的心怀，而非他的奇谋。真相是刘备死后，蜀国建树很少，诸葛亮要负的责任不少。难怪陈寿如此评价他：“治戎为长，奇谋为短，理民之干，优于将略。”宜哉！

诸葛亮

××年

不是不想尝试新办法，我也有我的顾虑呀。唉……

 6 喜欢  3 评论

李严

我就瞧瞧，不表态。

刘备

真是辛苦你了，爱卿。

刘禅

感谢相父，为我操碎了心。

华丽袍子上的一只虱子

姓　　名：王衍
生　　卒：256 — 311 年
出 生 地：今山东省临沂市
民族族群：汉族
朝　　代：西晋
职　　业：政治家
大 事 记：清谈误国

进入会场

王衍

演技榜 016 名 >

更多直播间 >

东晋权臣桓温北伐，抵达洛水，发出了“使神州陆沉，百年丘墟，王夷甫诸人不得不任其责”的感叹。这位王夷甫就是今天的嘉宾王衍，他怎么会对“神州陆沉，百年丘墟”负有不可推卸的责任呢？有请本尊一吐为快！

参加本次大会的还有司马越、王导、石勒、司马睿。

司马越：西晋宗室、权臣

王　导：东晋开国元勋，政治家

石　勒：后赵开国皇帝

司马睿：东晋第 1 任皇帝

王衍

大家好，我就是王衍，号称西晋大名士。一提到名士，就会让人想到手挥尘尾、口中妙语玄谈的风流形象。其实，我这个名士当初也是为了保全性命，才推崇清谈的。后来政治环境缓和下来了，这样的清谈之风却也挥之不去了。

司马越

我是东海王司马越，王衍的老朋友。王衍是个偶像级的人物。他年轻的时候，去拜访大名士山涛，山涛看见他后，感叹了很长时间。送别的时候，山涛感慨地对别人说："不知道是哪位妇人，竟然生出了这样俊美的儿子！然而误尽天下老百姓的，未必就不是这个人啊！"

王导

这话听着怎么这么耳熟啊。我们的堂舅羊祜，也曾说过："扰乱天下的，一定是这个孩子！"

司马睿

这就叫英雄所见略同！

王衍

魏晋时期讲门阀。我们琅琊王家是最高贵的家族之一，即使不做官，也能风光度世。我少年时崇拜战国纵横家，可又吃不得苦，只好选择清谈，没想到谈着谈着，八王之乱就来了，司马家内讧，打成了一锅粥。我想，我终于可以显露一下我纵横家的本色了。

司马睿

你纵横家的本色我没瞧见，可你左右逢源、投机取巧的本事倒让我长了见识。

王衍

八王之乱让司马氏的几个王爷纷纷人头落地，机会垂青于最后参加八王之乱的东海王司马越。他趁机填补空缺，扩大了自己的势力范围。我看好他。

司马睿

只有你眼力不好，王导怎么不看好司马越，反而看好我呢？

王导

司马越虽是司马氏的皇族，但属远支，号召力十分有限，因此不得不拉上王衍。司马睿就不同了，他可是宗室近支，号召力非常强！

王衍

说得没错，我跟司马越是互相需要。在我的引荐下，诸王、诸阮以及谢鲲、郭象、卫玠等名士都被司马越招揽，南方的名士也多有归附，史称越府“多名士，一时俊异”。

司马睿

呵呵，可惜这些人崇尚玄虚，多半没有政治能力。

王衍

让你们见识一下什么叫“王与马共天下”！

王导

我晕，我跟晋元帝司马睿的联盟才叫“王与马共天下”吧。

王衍

咱哥儿俩就别争了，虽然咱们是从兄弟，关系不算亲近，可总比外人近啊。刚说局面好了一些，永嘉之乱又起，衣冠纷纷南渡。我弟弟王导保着司马睿也过江了，建立了东晋。北方的西晋面临着复杂的局面，匈奴人刘渊、石勒交侵于外，司马炽、司马越构嫌于内，州郡叛乱无常，流民暴动此起彼伏。我面对这种风雨飘摇的局势，设计了一个狡兔三窟之计，委任自己的弟弟王澄为荆州刺史，族弟王敦为青州刺史，以求万全。

司马睿

兄弟三人，一个居朝，两个占据重要的边镇，外可以建立霸业，内可以匡复皇室，这个算盘打得妙。

王导

再妙也是竹篮打水一场空。依我看，只有长江天险可保无虞。

王衍

有人把晋室南渡归咎于我，我实在冤枉。我的狡兔三窟之计全在江北，只有司马睿和王导一心想过江。我对晋室的南渡也是始料未及的。扣我别的帽子我都认，南渡绝非我意！

司马越

这个我可以做证。我们当时想依托徐州守住洛阳，组织游军与石勒周旋。王衍是坚定支持这一战略意图的。为此王衍甚至把牛车卖掉，以安众心。要知道，牛车可是当时贵族唯一的交通工具啊。

王衍

打死我也不到江南去，那里不是我的故土！

石勒

还挺有骨气。被我逮到，看你还嘴硬不？

王衍

我虽然没什么本事，又只会清谈，但我誓死不做南渡人！可惜人强命不强。由于石勒的进攻，我们不得已放弃了洛阳，拥军东行，司马越于道中病死，托后事于我。我跟司马越相交一场，绝不会让他抛尸荒野。就在我护送司马越的棺椁归葬东海国的时候，为石勒所擒。

王导

元帝陛下，还是咱们南渡英明啊，要不然也成了异族铁蹄下的孤魂野鬼了！

司马睿

是啊，从此咱们王与司马共天下……

石勒

这就是司马氏的政权，一盘散沙，各自为政。

王衍

被擒的那天，我们正在行军，路上忽见一只麋鹿在枯树下吃草，一阵惊风吹过，树倒把麋鹿压死了。我预感不妙，不知兆应何人。正在惶惑时，忽听军中骚乱，我惊慌瞻望，有一队人马从后面掩杀而来，旗帜上写“汉石勒大将军”六个大字。

石勒

王衍带兵，毫无章法。我将晋军尽数消灭后活捉了王衍等人。

王衍

禽兽的石勒，竟然把司马越从棺材里拉了出来，用火烧了，还说：“此人扰乱天下，我今为天下人报仇，焚其尸而祭告天地。”我想，下一个该是我了。我见到石勒，感觉十分面熟，难道我曾经见过他？

石勒

王衍老儿装傻，竟然忘了，我在少年时曾在洛阳东门长啸，他从旁边经过，认为我非同寻常，说：“向者胡雏，吾观其声视有奇志，恐将为天下之患！”便派人去官府带兵来捉我，可惜官兵到时，我已杳无踪迹。如今胡雏又来了，王衍，你还有什么好说的？

王衍

你文成武德，应该自行称帝！

石勒

现在拍马屁不是晚了点吗？这就是一代名士的风骨？你名扬四海，身负重任，少壮登朝，至于白首，如今江山残缺，正是因为你们这些人清谈误国！

王衍

幸好石勒不忍心用刀斧杀我，否则我这一具清白的身躯不就被玷污了吗？

石勒

那就推倒土屋之墙，把他压死吧。

王衍

呜呼！我们虽然赶不上古人，但要不是崇尚清谈，努力匡正天下，怎么会沦落到如今的地步？！

石勒

你不过是华丽袍子上的一只虱子。

西晋之所以亡，就是因为掌握着话语权的名士引导了一种整体性的对“无用理论”的盲目崇尚和追求。这样的隐患，到什么时候都不能放松警惕。

王衍

× × 年

将士们，听我命令，抄家伙！

 3 喜欢  3 评论

石勒

呵呵，真是不堪一击！

王导

千万小心呀！

司马睿

兄弟，可得挺住啊。

假如古代名臣有内心戏……

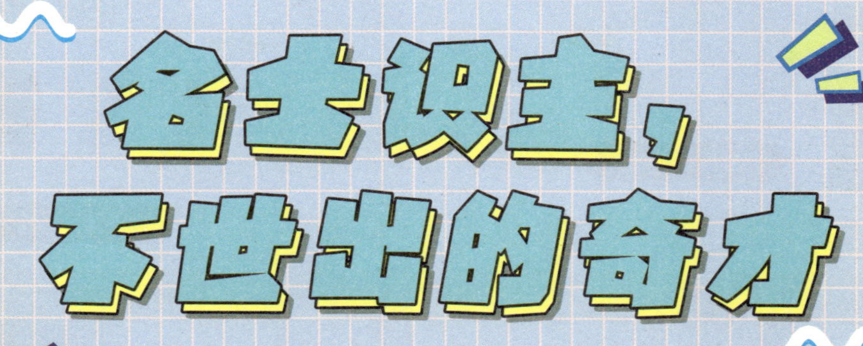

姓　　名：王猛
生　　卒：325 — 375 年
出 生 地：今山东省寿光市
民族族群：汉族
朝　　代：东晋时期
职　　业：政治家、军事家
大 事 记：平定李俨、灭前燕、平定五公之乱、富国强兵

进入会场

你能不能注意点个人卫生？

我来啦，我来啦，是在等我吗？

相信我，我是忠诚的！

我看谁能打破我一年内升迁五次的传奇！

王猛

演技榜 017 名 >

更多直播间 >

前秦王猛被后世誉为“功盖诸葛亮”，在他的辅佐下，前秦实现强盛，统一了北方。可他临终却向苻坚谏言，不可攻打东晋。一辈子对王猛言听计从的苻坚却对这份遗言置若罔闻，这究竟是怎么回事？有请王猛！

参加本次大会的还有苻坚、慕容垂、桓温。

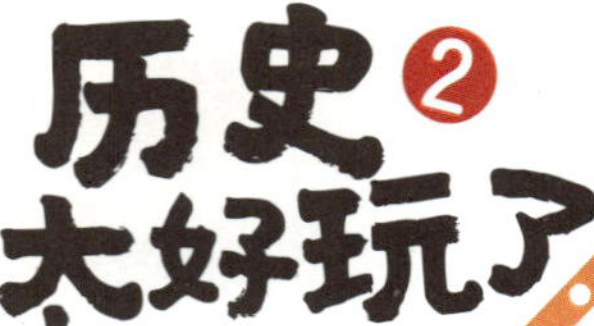

苻　坚：前秦天王
慕容垂：后燕的建立者
桓　温：东晋权臣

王猛

大家好，我是王猛，字景略。后人说我“功盖诸葛亮”，实在是过誉了，我怎么敢跟卧龙比！我跟刘备比还差不多。刘备早年是卖草鞋的，而我是个卖竹器的，卖竹筐、竹篓、竹桌什么的。我出生的地方在当时归后赵管，后赵官员可能觉得我有些才能，让我去当个功曹。我才不稀罕呢，所以我逃到山里，过起了隐居的生活。我本布衣，躬耕于华山……这么说，还真有点诸葛亮的意思。我生逢乱世，四方割据，互相混战。经过一番大洗牌，前秦崛起。东晋想趁着北方大乱捞一笔，权臣桓温领兵北伐，大败前秦苻健，屯兵灞上。桓温是当时海内名士，又是秉正朔的晋室重臣，没准这正是我一跃冲天的大好机会。我于是跑去见他。

桓温

这个王猛，可真让我大开眼界。他跟我聊天，还不忘把手伸到裤子里去捉虱子。

王猛

这不就是扪虱而谈吗，大名士何必计较这些！

桓温

我奉天子之命，率十万雄师北伐讨逆，为百姓除害。关中豪杰为何无人来慰劳王师？

王猛

您率部不远千里北伐，长安城近在咫尺，您却不渡过灞水攻取。百姓们不明白您是何心意，所以无人前来劳军！

桓温

我有难言之隐啊，景略。我的大军深入关中腹地，粮草不继，我看不如先保存实力。

王猛

您分明是养寇自重，保存实力回到晋国好争权夺利。

桓温

王猛是个人才，要是能为我所用，江南那些酸腐士族就都可以下课了。

王猛

您想多了……经过跟桓温的这次会面，我深刻地意识到东晋和桓温并非良木，我这只凤凰还得继续等待。

苻坚

王猛，你是在等我吗？

王猛

天王，您还得等一会儿呢！

苻坚

原本我哥哥苻生是天王，可是他是个独眼龙，坏事做尽，杀人如麻，朝臣“得保一日，如度十年”。举国上下人人自危。我不能让刚刚崛起的前秦就这么沉沦，所以我也只好勉为其难，解民倒悬了。

王猛

篡位就说篡位，有什么好遮掩的。苻生不配当皇帝，您有这个气质和格局，我支持您！

苻坚

还记得那个夜晚吗？咱们君臣一见如故，欢若平生。刘备遇到孔明那种如鱼得水的感觉在我心里油然而生。

王猛

谁说不是呢，您真是我的明主啊。我这只凤凰也该有个栖居之所了。

苻坚

在王猛的支持下，我很快就搞定了苻生，坐上了皇帝的宝座。我投桃报李，任命他为执掌军国机密的中书侍郎。从此景略风云际会，光芒万丈。

王猛

我曾创造出一年内五次升迁的奇迹，这在中国历史上恐怕是空前绝后的。

苻坚

王猛，你当得的！要是没有你，我怎么知道天子是尊贵的？没有你，我怎么能安定关中？没有你，我怎么能开疆拓土？没有你，我怎么能抑制豪强、发展经济？没有你，前秦的老百姓怎么能安居乐业？没有你，域内的这些民族怎么会相安无事、和平共处？

王猛

前秦内部安定了，就要着手处理外患了。最值得注意的就是前燕的慕容家族，他们的野心最大，对前秦的威胁也最大。

苻坚

可不嘛。

慕容垂

我是慕容垂，前燕开国之主慕容皝的第五个儿子，也是最受宠爱的皇子。曾经世子之位也差点儿落到我手里，只不过因为群臣坚持嫡长子继承制，我才跟龙椅失之交臂。不过这也引起哥哥的猜忌，我不得已才来投奔前秦。

苻坚

寡人正在怀柔四海，前秦的大门向你敞开！

王猛

陛下，慕容垂要不得，他目的不纯，迟早是祸害。

慕容垂

我冤枉……

王猛

天王怀柔也不擦亮眼睛，像慕容垂这样狼子野心的人，是因为在前燕混不下去了，才来投靠前秦，将来事有转机，他第一个就要反水。

慕容垂

王猛真是不好惹，他搞了一个“金刀计”，差点搞死我。

王猛

你绝非寄人篱下之人，我不除掉你，前秦难安。我们那位宽容的天王，此刻正在怀柔四海，恶人就让我来当吧。我制订了攻打前燕的计划，要以慕容垂的儿子慕容令为向导。出征前夕，我造访了慕容府。

慕容垂

堂堂王猛能够光临寒舍，实在是我们全家的荣幸。我安排盛宴款待他，酒过三巡，菜过五味，他突然说："今日一别不知何日相见，送我件东西吧，也好睹物思人！"我当时也没多想，巴结他还来不及呢，赶紧解下腰间金刀送给了他。我后面才知道，我中计了。

王猛

大军快到洛阳时，我买通了慕容垂的亲信金熙，让他带着金刀去找慕容令，就说有慕容垂的口信。我早就编造好口信：咱们投奔前秦，只是避祸而已。而王猛心胸狭隘，数次要害咱们；苻坚表面上宽仁，其心难测。如今，前燕皇帝后悔赶走咱们，现在正是咱们回归前燕的好时机。我已经在逃亡路上了，你不走更待何时？事起仓促，来不及写信，特派人传口信，以金刀为证。慕容令听后，毫不怀疑，偷偷地逃回了前燕。

慕容垂

王猛真是个老狐狸。他派人给我送来儿子逃跑的消息，吓得我魂飞魄散。我想再待在长安也没什么好了，赶紧逃走吧。谁料，刚逃到蓝田，就被捉到。我当时心里咯噔一下子，感觉完了，彻底玩完。不承想，糊涂的苻坚不但没杀我，还安慰了我一番，说是子罪不株连其父。

王猛

天王，您这是要搞哪样？我费力地导演了这场“金刀计”，就被您这么轻松化解了？无语……您的宽容有点滥用了吧！！

慕容垂

你的“金刀计”也没算白用，不是搭上我儿慕容令的一条命吗？

王猛

慕容令的小命算什么，我要亡了前燕！你来给我做向导！

慕容垂

我真是害怕王猛。在我的向导下，前秦大军很快就灭了前燕。

苻坚

王猛操劳成疾，沉疴难起。临终之际，他告诫我，东晋虽然偏居一隅，但是正朔所在，要和善相处；以慕容垂为代表的那些人千万要防着，最好早早除掉！否则必生大患。我始终不明白，王猛为什么偏偏容不下慕容垂，不过我担心他的病情，还是都应承了下来。

王猛

您号称对我言听计从，怎么这两条就听不进去呢？惜哉！

苻坚

刘备不也没听诸葛亮的话而起兵伐吴吗？……

慕容垂

若王猛在，我绝不敢反水……

王猛死后，苻坚发动了针对东晋的淝水之战。结果战败，前秦瓦解。史料载，苻坚对王猛言听计从。所谓的言听计从，只不过是他正想听的而已。当他不想听时，哪有什么言听计从？

王猛

× × 年

大家对我设计的这一幕有何看法？

3 喜欢　　3 评论

慕容垂

骗子，都是骗子！

苻坚

还有点想不明白，怎么你就容不下他？

桓温

我从未见过如此不拘小节之人。

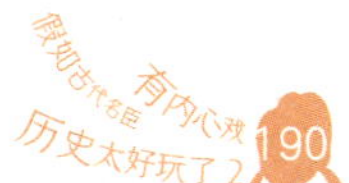

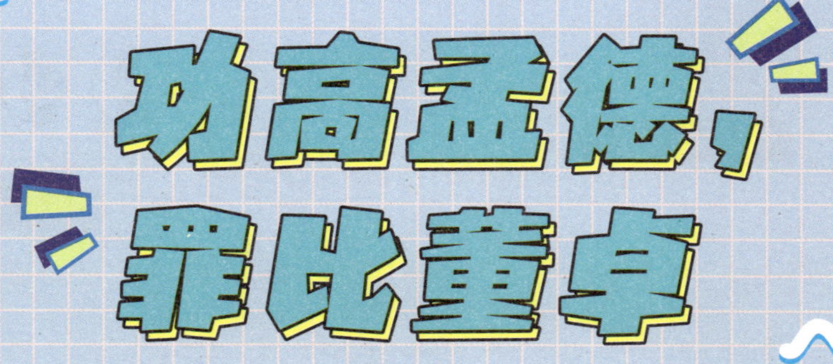

名臣　尔朱荣

姓　　名：尔朱荣
生　　卒：493 — 530 年
出 生 地：今山西省朔州市
民族族群：契胡族
朝　　代：北魏
职　　业：政治家、军事家
大 事 记：河阴之变、击败葛荣、击退陈庆之北伐

进入会场

尔朱荣

演技榜 018 名 >

更多直播间 >

尔朱荣作为北魏名臣，备受争议。有人说他“功高孟德，祸比董卓”，是北魏的掘墓人，又有人说他是个不折不扣的屠夫，还有人说他是个有勇无谋的刽子手……有请本尊来拨开罩在他身上的历史迷雾！

参加此次大会的还有胡太后、孝明帝、孝庄帝。

胡太后：宣武帝元恪妃子
孝明帝：北魏第 9 任皇帝
孝庄帝：北魏第 12 任皇帝

尔朱荣

大家好，我叫尔朱荣。我的故乡在北秀容（今山西省朔州市），民族属于契胡。我们家在北魏很受待见，孝文帝的时候，每当朝廷用兵，我父亲总是以私家马匹、粮食资助军用，因此孝文帝对尔朱氏非常赏识和信任。孝文帝实行汉化政策，迁都洛阳。尔朱氏被特许冬天入朝，夏天回北秀容。这是很特殊的恩宠。我就出生在这样的环境里。你们一定以为我的相貌跟史书里描写的胡人那样，是个高鼻深目、腹大如鼓、满脸络腮胡子、丑陋肮脏的大胖子吧？其实我是个皮肤白皙、容貌俊美、自小就聪明伶俐的美男子。

孝明帝

你这是王婆卖瓜，自卖自夸吗？快点来救救我吧，我母亲快要把我害死了。

胡太后

你以为我会傻傻地等人来救你吗？

尔朱荣

孝明帝即位的时候才四岁，他的母亲胡太后临朝称制。胡太后把孝明帝玩弄于股掌之上。她大肆营建佛寺和佛像，耗费了大量民脂民膏。种种恶劣行径，引起了渐渐成熟的孝明帝元诩的强烈不满。

孝明帝

我的母亲会引爆整个北魏帝国，我不会坐视北魏的灭亡，所以我才召尔朱荣进京勤王，终结我母亲的荒唐统治。

胡太后

傻孩子，你不也读过史书吗？三国时，袁绍建议何进引董卓进京勤王，结果如何呢？引狼入室，董卓专权！你难道要走东汉的老路吗？

孝明帝

难道眼看着你把北魏糟蹋完吗？

胡太后

那就别怪我不客气了。

尔朱荣

心狠手辣的胡太后，竟然把孝明帝毒死了，还立了刚刚三岁的元钊为帝。这正是我匡扶朝廷的大好时机，于是我打出为孝明帝报仇的旗号，发兵洛阳。我还另立了一位新皇帝，即长乐王元子攸，跟胡太后和她所立的幼帝对抗。

孝庄帝

我就是元子攸。有人问，北魏皇帝不是姓拓跋吗，怎么又都姓元了？这是因为孝文帝的汉化改革，其中很大的一项内容，就是改姓汉姓，于是拓跋氏改为了元姓。尔朱荣拥立我为帝，我投桃报李，任命他“侍中、都督中外诸军事、大将军、尚书令、太原王”。

尔朱荣

光看这些头衔，就知道有多拉风了。我率领大军很快到了洛阳，政府军根本不是我的对手。胡太后和幼帝元钊也被俘虏。天下人切齿痛恨这个女人很久了。我让人把她和幼帝元钊装在竹笼里，投入黄河中溺死。

孝庄帝

尔朱荣真是太狠了，那么处理胡太后也就罢了，幼小的元钊有什么错误呢？将来我要是不如他的意，还不知道他要怎么对付我呢，我可得提防着点他。

尔朱荣

你不过是我的一个傀儡，别想着我会让你真的掌权。我要在洛阳树立权威，为我日后的篡位打下基础。在孝庄帝象征性地入主洛阳的那天，洛阳的文武百官全来出迎。我请孝庄帝沿黄河西行，却把出迎的文武百官引向行宫西北，宣称要祭天。

等大家集合起来以后，我就派兵将他们团团包围，下令几千铁骑来回冲杀，刀锋闪处，哀号连天，铁蹄踏处，鲜血直溅。

孝庄帝

　　残忍啊！河阴成了血的世界，自丞相高阳王元雍以下共屠杀两千余人。虽然尔朱荣此举，让人民发泄了对腐败官员的愤怒，以及庶姓寒门对门第士大夫的不满，但其恐怖的方式也让天下人胆战心惊。

尔朱荣

　　杀两千人，就是要告诫天下人，不服我尔朱荣的，统统是这个下场！看孝庄帝对我的屠杀很不满，我想，干脆废了他算了。我命令军队高喊：“元家已灭，尔朱氏当兴。”大造声势。同时我派遣武士手持钢刀，直奔孝庄帝的行宫。

孝庄帝

　　尔朱荣暴露了他的狼子野心。我被他的士兵强行拖入他的营帐中，囚禁起来。

尔朱荣

　　河阴之变结束后，我冷静下来，觉得事情并非那么简单，万一四方勤王的部队攻来，我这点儿兵马不够他们消化的，所以我只好选择忍耐，派人把孝庄帝从营帐中迎接到宫中，上表请罪。

孝庄帝

当时我真想杀了尔朱荣，怎奈形势不容许，我还得依靠他稳定时局呢。我们达成妥协后，我正式入城即位。

尔朱荣

孝庄帝有自己的心思。有一次我进宫，再次为河阴之变向孝庄帝道歉，发誓自己并无二心。孝庄帝起身，亲自搀起我，表示他并无疑心。我一时高兴，在庙堂之上捧酒豪饮，烂醉如泥。孝庄帝派人把我连床带人一起抬到中常侍省休息。我半夜醒来，惊出了一身冷汗，直到天亮都不敢合眼，从此再不敢入宫住宿。

孝庄帝

好恨当时没趁你酒醉杀了你。不过你也有个好处，因为有你的存在，没人敢瞎折腾了。正如曹操所说，要是没有他，不知几人当称王、称帝。从这点看，你也算是有功劳的。但是你毕竟不是曹操，还差得远呢。

尔朱荣

说实话，部下也有劝我称帝的，都被我顶回去了，关键时

刻我还是理智、清醒的。

孝庄帝

你功高震主，肆无忌惮。我要稳定局面、收回权力，必然要铲除你这个最大的障碍。

尔朱荣

为了进一步控制孝庄帝，我把大女儿嫁给了他。等到女儿怀孕的时候，我就申请入朝。

孝庄帝

分明就是有阴谋。

尔朱荣

我到洛阳后，天文出现异象。长星出中台，扫大角。懂天象的人说这是“除旧布新之象”。我想这是吉兆啊，预示我要取代孝庄帝了。

孝庄帝

我也在同一天做了个梦，梦见自己持刀割落自己的十根手指头，就问心腹此梦何兆。他们告诉我：“毒蛇咬手，壮士断腕，是吉兆！”

尔朱荣

这意思咱们要拼一把了呗。

孝庄帝

出招吧！

尔朱荣

那一天，孝庄帝布告天下，说皇子降生，同时派人向我道喜。我当即起身进宫，皇宫内文武百官纷纷祝贺我当上外公。

孝庄帝

我早已布置好了伏兵，就等尔朱荣来。

尔朱荣

我进殿的时候，中书舍人温子升手拿诏书，我心里莫名高兴，难道是孝庄帝禅位的诏书？见到孝庄帝之后，没容我道喜呢，忽从殿侧上来两人，手提着刀来杀我。我惊起，直奔御座想挟持孝庄帝为人质。怎奈孝庄帝膝上早已暗藏一柄尖刀，见我冲上，将刀一摆，刀尖正刺入我的小腹。很快我就躺下了，失去了意识。

孝庄帝

你是死了。你今天如果不死，过后再也不能除掉了！

尔朱荣死后，他的部下将战火蔓延四方，高欢、宇文泰和后来搞得梁朝鸡犬不宁的侯景纷纷割据地盘，真是不知当时几人称帝、几人称王。但也正是这个人酿造了河阴之变的惨剧。功劳大、罪孽深，正是尔朱荣的一生写照。

尔朱荣

真是明枪易躲，暗“箭”难防！

××年 删除 •••

孝庄帝

你可算是死了。

胡太后

真是一场好戏。

孝明帝

我们可以团聚了。

假如古代名臣有内心戏……

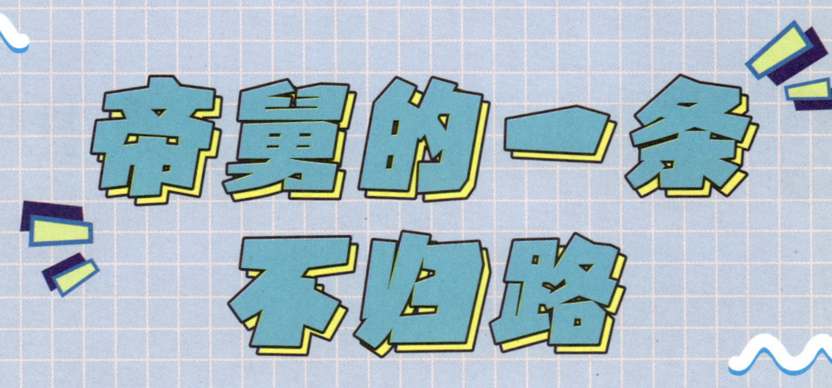

帝舅的一条不归路

姓　　名：长孙无忌

生　　卒：594 — 659 年

出 生 地：今河南省洛阳市

民族族群：鲜卑族

朝　　代：唐朝

职　　业：政治家

大 事 记：玄武门之变、帮李治上位

进入会场

能不能给我留点面子？

真是枉费您的一番苦心呀。

舅舅，我来捧场啦。@长孙无忌

看热闹不说话。

啧啧啧，这里面的事，太乱，太乱！

长孙无忌

演技榜 019 名 >

更多直播间 >

长孙无忌是唐初重臣，通过策划玄武门之变帮助李世民登上帝位，立下旷世殊勋。为了能让外甥李治继位，他也是煞费苦心，不惜制造大案、冤案，可最后杀死他的正是他当初力保的外甥。这背后隐藏的真相是什么，有请长孙无忌！

参加此次大会的还有唐太宗、唐高宗、武则天、房玄龄、褚遂良、许敬宗。

唐太宗：唐朝第 2 任皇帝
唐高宗：唐朝第 3 任皇帝
武则天：唐高宗的皇后，武周的建立者
房玄龄：大唐名相
褚遂良：大唐名臣
许敬宗：唐朝宰相

长孙无忌

大家好，我叫长孙无忌，字辅机。长孙是个复姓，就跟诸葛、欧阳似的。我们长孙氏从北周到隋再到唐，都是显赫家族。我跟李世民很早就交好，使他成功登位的玄武门之变就是由我一手策划的，有兴趣的同学可以去了解。太宗的贞观之治，也有我不少功劳在里面。当然了，我们君臣之间最默契的一次合作，还得算册立李治为太子这件事。

唐太宗

辅机啊，这事公开说好吗？

长孙无忌

陛下，保密期过了，但说无妨。

唐太宗

那我就先说几句吧。太子李承乾被废之后，立谁为太子的问题困扰得我晚上睡不着觉。长孙无忌劝我立李治，我却看好吴王李恪。李恪这孩子像我，英气不凡，可惜羽翼太薄弱了，不像李治那样，有长孙无忌这样的亲舅舅为他站台。我虽然贵为天子，可好多事都不是我一个人说了算的。思来想去，只有立李治最为妥当，但房玄龄不一定这样想。

房玄龄

我看好的是魏王李泰，可惜他已经跟李承乾两败俱伤了。李承乾也是长孙无忌的外甥。一个外甥倒了，他要扶持另一个，这个如意算盘打得好。

长孙无忌

为了能让李治当上太子，同时让房玄龄他们也说不出啥来，我跟太宗只能上演悲情大戏了。

唐太宗

我可是演戏的高手。玄武门之变我演得不错。有一次，我叫来长孙无忌、房玄龄和李绩，哭着告诉他们，我三子一弟（三子指太子李承乾、魏王李泰、齐王李祐，一弟指汉王李元昌）为了争位，你死我活，令我心寒。我声泪俱下，拔出刀来假意要自杀。

唐高宗

舅舅长孙无忌赶紧上前夺过父亲的佩刀，问他想立谁为太子。父亲指了指我。舅舅会意，跪倒说：“臣谨奉诏令，如有异议者，请将其斩首。”父亲对我说：“你舅父答应让你当太子了，还不谢谢他！”于是我就给舅舅磕头。就这样，我被立为太子。

房玄龄

应该给你父亲和你舅舅颁发一个小金人，以表彰他们在立储这件事上的绝妙导演和精湛演技。

长孙无忌

你是吃不到葡萄就说葡萄酸罢了。太宗崩逝后，李治即位，我、褚遂良被任命为辅政大臣。一下子，我集开国元勋、宰相、皇帝的亲舅舅于一身，当初苦心孤诣的谋划终于换来了丰厚的回报。

唐高宗

有了回报还不见好就收，怎么又发动房遗爱谋反案，株连那么广？

褚遂良

您年纪还小，哪里知道长孙大人的苦心！房玄龄次子房遗爱跟妻子高阳公主（唐太宗之女）对您继承大统十分不满，打算联合那些对您有意见的皇亲国戚发动政变，拥立荆王李元景（唐高祖李渊第六子）。幸亏长孙大人觉察得早，提前下手，制止了这场动乱。

唐高宗

那我哥哥吴王李恪怎么会被治了死罪呢？

长孙无忌

年轻人知道什么！房遗爱他们造不造反，我才不在乎呢，他们翻不出我的手掌心。可李恪不一样，他是最有力量挑战你的人，当初你父亲就曾想传位于他。我借机除掉他，为的就是替你除去隐患。

唐高宗

舅舅果然是为我着想。

武则天

真是个好舅舅！这么一来，政敌除尽，您这位帝舅也攀上了权力的顶峰。朝中的宰相班子除了李绩，其余六人皆为长孙一党。这不是典型的一言堂了吗？

许敬宗

您说得太对了，长孙无忌越来越专横跋扈，就连李绩都不敢正视其锋芒，主动请辞。

唐高宗

舅舅行事异常狠绝，手段雷霆万钧，让我害怕。我要舅倒，舅不倒，我就倒了。倒舅运动的第一步，就是任命李绩为司空，让他重返权力的中心。

长孙无忌

人都会长大的，皇上也不例外。如果当初我考虑到这一点，也就不会愚蠢地恋栈。我总以为权力能够让我常青，那种权势熏天、大权在握的感觉真好。我完全忘了太宗当时对我的殷殷嘱托——照顾好李治，辅佐他成为一代明君！

唐高宗

要倒舅，必须打造一支属于自己的政治势力。

许敬宗

群臣尤其是少壮派，也对长孙无忌长期把持朝政不满，纷纷要求陛下能够亲自掌控朝局。

唐高宗

在立武媚娘为皇后这件事上，双方的矛盾集体大爆发。

褚遂良

我是坚决反对立武氏为后的，因为武氏曾经侍奉先帝！

长孙无忌

褚遂良真是血性，竟然叩头以致、血染丹墀，来表明自己的反对态度。

武则天

他纵然磕死也无济于事了。

许敬宗

对啊，种地的老农多收点麦粮，还会寻思点儿别的事，更何况贵为天子想立一位皇后。这与诸位何干，怎就偏来非议呢？

唐高宗

最后还是李绩出面说：“立后一事实为陛下的家事，又何须再问外人？”我才下定了决心。

长孙无忌

这场立后大战，我派出了数员大将，都败下阵来。让我更加没想到的是，李绩这个家伙竟然说，立谁为后是皇帝家事，不必问外人。一下子把我挡在外面了。

武则天

我如愿以偿，当上了皇后。这时候，倒舅运动也渐渐达到了高潮。我们首先把长孙无忌最得力的干将褚遂良远远地发配。我又指使许敬宗与李义府罗织罪名，把亲长孙无忌的一些重臣纷纷贬谪。至此，朝中长孙一党被打压斥逐殆尽，唯留长孙无忌一人，他势单力孤，回天乏术。

长孙无忌

没想到我堂堂帝舅，开国元勋，三朝宰相，竟然栽在小人许敬宗的手上。他在审理一桩朋党案，牵扯到太子洗马韦季方与监察御史李巢。在许敬宗的严刑逼供下，韦季方不堪重刑意图自杀，结果未遂。

许敬宗

我知道皇上和皇后想要什么。我诬告说韦季方的背后是长孙无忌，他们勾结在一起，阴谋造反，怎料阴谋败露，这才有了韦季方的自杀。

长孙无忌

祸水终于引向我了，帝舅要谋反了，这能让人信服吗？

许敬宗

您当初制造房遗爱大案，牵连吴王李恪，使其蒙冤受死，能让人信服吗？

长孙无忌

欲加之罪，何患无辞。我无话可说，当初我起了私心，拥立李治，而害死了更适合当皇帝的李恪，现在自食恶果，夫复何言！

许敬宗

现在您后悔也晚了。在皇上和皇后的授意下，我开始穷治韦季方一案，向皇上和皇后献上了最完美的“证据”。

唐高宗

倒舅运动迎来了尾声，长孙无忌在劫难逃。但是我作为外甥，怎么能杀自己的舅舅呢？你们千万不要让我背负杀舅之名啊！

长孙无忌

杀死我的不是一条白绫，而是我的亲外甥，还有我那个野心勃勃的外甥媳妇！

许敬宗

这能怪谁呢，当初还不是您跟唐太宗导演了李治当太子的好戏！

世人都说是武则天杀死了长孙无忌，其实非也，长孙无忌死于唐高宗之手，武则天无非推波助澜而已。根源在于长孙无忌做事只为一己之利而罔顾天下苍生。

你们好狠的心。

赶紧的吧，赖不着别人了。

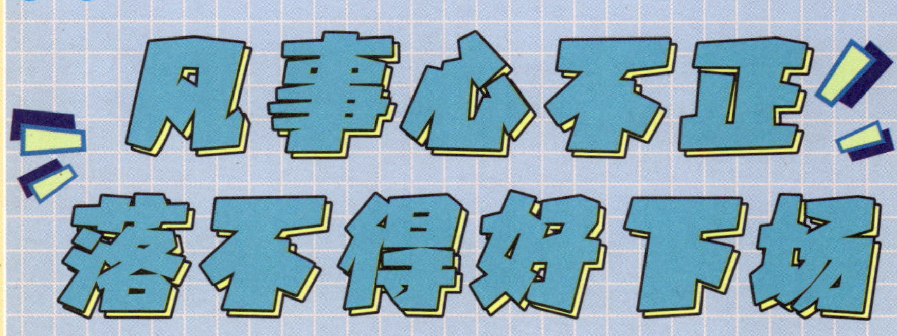

姓　　名：杨钊
生　　卒：？—756年
出 生 地：今山西省永济市
民族族群：汉族
朝　　代：唐朝
职　　业：宰相、杨贵妃族兄
大 事 记：得宠执政、安史之乱、马嵬驿被杀

进入会场

杨国忠

演技榜 020 名 >

更多直播间 >

杨国忠为唐玄宗天宝年间的一个宰相，但世人都说他是因妹得宠，并没有什么治国的能力，而且还逼反了安禄山，使得大唐盛世戛然而止，对于这些说法，杨国忠本尊是如何看待的呢，有请杨国忠一吐胸中块垒！

参加此次大会的还有唐玄宗、杨贵妃、李林甫、安禄山、唐肃宗。

唐玄宗：唐朝第 7 任皇帝

杨贵妃：唐玄宗的宠妃

李林甫：唐玄宗时宰相

安禄山：唐朝时期藩镇、叛臣

唐肃宗：唐朝第 8 任皇帝

杨国忠

大家好，我叫杨钊，国忠是唐玄宗赐给我的名字。关于我的出身，坊间多有传闻。其实我也没那么复杂。我承认，我不过是市井无赖起家，当初为了躲避赌债，四处流浪。没办法，我就去参军了。我当兵的地方在四川。当地有个大富豪叫鲜于仲通，给我相了一面，说我日后必定发达，就把我推荐给了军区首席长官章仇兼琼。这下我的好日子才开始了，章仇兼琼很喜欢我，我也很会来事。一来二去，我们之间就建立了深厚的私交。这个时候呢，我妹妹杨玉环也成了唐玄宗的专宠对象。当时朝内是李林甫为相专权，搞得那些大宦官和各藩镇的节度使都极为不满。章仇兼琼就派我进京贡献蜀锦，一则打探情况，二则打通与我妹妹的关系。

杨玉环

我刚被册立为贵妃，我哥哥就找来了，给我带来大量的四川土特产品，还有漂亮的蜀锦。我们虽不是亲兄妹，但我此时正需要一位得力的哥哥。

唐玄宗

我第一次见杨钊，就觉得他仪表非凡，而且还是爱妃的兄长，于是就表态让他留下，给他一个金吾兵曹参军的官职，官虽不大，却是近臣。

杨国忠

近臣好啊，刚好可以发挥我阿谀奉承的特长。经常是我一放大招，皇上就十分受用，我的官不升才怪呢。很快我就被赐名为“国忠”，在朝堂之上，我的受宠信程度毫不亚于内宫里的妹妹。

李林甫

兄妹俩都恬不知耻！兄以妹贵，你算发挥到极致了。

杨国忠

虽然李林甫瞧不起我，可也拿我没办法，甚至很多时候，他为了达到目的，还要拉拢我。他这个人，人称口蜜腹剑，就是说得比蜜甜，然后偷偷地再给你一刀。因此说话办事，我都防着他，对我没好处的，我绝对不跟他掺和。

李林甫

难怪对付李亨这么积极呢，原来对你有好处。

杨国忠

李亨是玄宗皇帝的第二任太子，第一任太子叫李瑛。李瑛的死是缘于李林甫和武惠妃的陷害。李瑛死后，玄宗有意要立李亨为太子，但李林甫提出了反对意见，不过这次玄宗没理睬他，执意要立李亨为太子。李林甫心中害怕，就想害死李亨。

唐肃宗

我是唐肃宗李亨，你们拿我当小孩吗？我从哥哥李瑛那里吸取了足够的教训，对你们严防死守。

唐玄宗

儿啊，放心，你的储君之位稳固而牢靠，我的主意已定，任他天翻地覆。

杨国忠

唉，真是一语成谶啊。李亨没搞定，天翻地覆倒是来了。

李林甫

不是我瞧不起你，要是让我继续当宰相，安禄山就不敢作乱。你把我赶下台，我还以为你收拾得了他呢，谁料你是个银样镴枪头，中看不中用。你不但收服不了他，还把他给逼反了。

杨国忠

你说我中看不中用，我还能接受，但你说我逼反安禄山，这个锅我宁死也不会背。安禄山这个狗贼，无论我逼与不逼，他都会反！

杨玉环

我算瞎了眼，没看清安禄山的真面目。

杨国忠

人家喊你母亲的时候，你不是也乐开了花？

唐玄宗

都怪我把安禄山宠坏了。

杨国忠

我跟安禄山有过一次合作，也正是这次合作让我看出来，安禄山日后必反！

李林甫

你说的可是清算我势力的那次？杨国忠啊，你真是个白眼儿狼，我临死的时候，对你寄予了厚望，可是你反过来就联合安禄山把我安插的人都给清除了。告诉你吧，整个大唐朝，只有我能镇住安禄山，不信你问他！

安禄山

这话不假，我每次见到李林甫就担心害怕，浑身冷汗直流。就算我远在幽州，听说李林甫派人送信来了，也吓得战战兢兢，不敢造次。杨国忠算个什么东西，不学无术，狗屁本事没有，光靠溜须拍马，能跟李林甫比吗？

李林甫

呜呜，终于有人替我说句话了，也不枉我下葬的时候大棺材换成了小棺材，规格从国葬降到了平民。

杨国忠

以你的罪过来说，没鞭尸就不错了。我当上宰相后，也想拉拢安禄山，他毕竟是重要藩镇的领导，能够支持我在中央的工作，也能免去很多麻烦，谁知这老小子不买账。我当时红得发紫，岂能让他这样的胡人瞧不起？

安禄山

你算个什么，我骨子里连唐玄宗都瞧不起。正如李林甫所说，他一死，大唐朝我还惧怕何人，哈哈哈……

唐玄宗

我算是白疼你了。杨国忠多次跟我说你要造反，我都不相信。我还把说你造反的人送到你的帐下，让你发落。这是多么信任你啊，你拍拍良心，你造反心不痛吗？

安禄山

我不心痛。你连杨国忠这样的人都能任命为宰相，说明你已经老而昏聩，不值得敬畏了。

杨国忠

安禄山狼子野心，迟早必反！这是我通过观察和深思熟虑得出的铁论。我每次给皇上和贵妃阐述我的铁论时，他们都不屑一听，认为我太多虑了。结果怎么样？“渔阳鼙鼓动地来……”

唐玄宗

安禄山这厮真造反了，逼着寡人拖着年迈之躯，逃往四川。

安禄山

不是还有贵妃相陪吗？

杨玉环

逆子，还敢说呢，就是因为你起兵，我才在半路上被赐死了。难道你当初认我做干妈都是虚情假意的吗？

安禄山

你那么得势，我认你做干妈也是真情实意的啊，可我造反也是真情实意啊，唐玄宗那个老头能领导得了我吗？

杨国忠

唉，我说安禄山必反，唐玄宗就是听不进去，搞得仓皇奔蜀。走到马嵬坡这个地方时，军队哗变了，我预感大事不妙。

我们一行走到马嵬坡时，饥肠辘辘。唐玄宗不住落泪，我妹妹也呜咽不止。将士们由于疲劳和饥饿，心怀怨怒。陈玄礼准备激起不满情绪，制造哗变。当时我心情不爽，颇有失落之感，一个人溜达了出来。正在胡思乱想间，有二十几个吐蕃使节拦住去路要吃的。我心想：这些吐蕃人从哪里来的？正当我纳闷的时候，军营里有人又喊了一声：“杨国忠勾结吐蕃企图谋反！”我一听，坏了。一愣神间，一支疾飞而来的箭就射中了我。我顿感天旋地转，就想往唐玄宗那里跑，可是受伤跑不动啊，没跑几步就被兵丁们追上。他们一顿乱刀把我砍死。

杨玉环

哥哥，你死得太惨了。

杨国忠

我就说安禄山必反吧，你们但凡能听我一句，也不至于有今天的下场。好了，下一位该你了，你以为皇帝老儿能救得了你吗？

唐玄宗

国忠，我好后悔啊……我为你正名！安禄山是必然要反的，绝非你逼反的！

杨国忠

现在还扯这些，有用吗？

每次读这段历史，感觉李林甫之阴、杨国忠之坏、安禄山之狠、唐玄宗之昏、杨贵妃之蠢真是举世罕见，偏偏他们做成一局，把灿烂耀眼的盛唐打碎了。安史之乱不但是唐朝的分水岭，也是中国历史的分水岭。上述诸人，罪过深矣！

杨国忠

 ××年

冤……冤枉呀！

3 喜欢　　3 评论

杨玉环

呜呜……哥哥，你死得太惨了！

唐玄宗

我也无能为力，国忠你可得理解朕啊。

安禄山

不是啥大事，不至于啊。

假如古代名臣有内心戏……

罗天下奇才，呼风唤雨之相

姓　　名： 韩侂（tuō）胄（zhòu）
生　　卒： 1152 — 1207 年
出 生 地： 今河南省安阳市
民族族群： 汉族
朝　　代： 南宋
职　　业： 政治家
大 事 记： 平反岳飞、排挤朱熹、开禧北伐

进入会场

史：侂胄，快提头来见。

侂胄啊，你先忙着，我先玩着。

可没人欺负你哈，是你自己不配合。

既开心……又担忧……我这是怎么了？

能不能给我留一片净土。

韩侂胄

演技榜 021 名 >

更多直播间 >

韩侂胄是南宋名臣，为岳飞平反昭雪，力主抗金。但是他得罪了道学家朱熹，被喷得声名狼藉，而且他的抗金业绩跟岳飞也无法相提并论。欲知真相如何，且听本尊一吐为快！

参加此次大会的还有宋宁宗、赵汝愚、辛弃疾、史弥远。

历史②太好玩了

宋宁宗： 南宋第 4 任皇帝

赵汝愚： 南宋宗室、名臣

辛弃疾： 南宋爱国主义词人

史弥远： 南宋奸相

韩侂胄

大家好，我就是韩侂胄。我生活的年代处于南宋光宗和宁宗时期。南宋的存在感不高，我简单给诸位普及一下。南宋高宗之后是孝宗。孝宗锐意北伐，惜无建树。孝宗之后是光宗，这个光宗不但不孝，还喜欢跟群臣过不去。于是在宗室赵汝愚的策划下，在太皇太后的支持下，在我的重度参与下，最终让光宗禅位，让宁宗继位。后世有人把这段历史称为绍熙内禅。

赵汝愚

绍熙内禅后，权力重新分配，可是这个韩侂胄非常不配合。

韩侂胄

政变后，赵汝愚出任宰相。有宋以来，严禁宗室出任朝中重臣，从宋太祖到现在，从没有例外。你赵汝愚何德何能，竟敢破例？你还自私自利地搞小团体，扶植那些“只会说空话、不会办一点实事”的道学人物出来做官，岂有此理！我呢，你政变前许给我节度使之职，成功以后，只给我升了一阶。用人朝前，不用人朝后，何以服人？

宋宁宗

我刚即位，就想当个甩手掌柜，因此需要物色一个信得过的人，替我处理那些烦人的奏章、文书。由于韩侂胄在禅位中立过大功，说话办事聪明得体，同时还是皇后的叔祖，因此被我选中，成了我的心腹。

韩侂胄

我逐步掌握了批阅奏章和控制舆论的权力，最想干的就是打击赵汝愚和那些道学人物。首先我要赶跑朱熹，我最烦他了，整天摇头晃脑，道貌岸然。

宋宁宗

朱熹是赵汝愚安排给我的老师。这位老师我可惹不起，天天跟我讲“存天理、灭人欲”的大理论，烦死我了。我也不好说什么，只能敬而远之。韩侂胄有一天告诉我，把朱熹赶回乡下了，可把我欢喜坏了。

赵汝愚

韩侂胄，你得罪朱熹有什么好下场？以后全天下的读书人和道学子弟都要与你为难，你的骂名跳进黄河也洗不清！

韩侂胄

你还是先顾着点你自己吧！

宋宁宗

韩侂胄向我告发，赵汝愚在光宗内禅后，曾经打算自立。

我一听，那还了得！谁让你给我推荐那个让人死不让人活的朱熹当老师！

韩侂胄

赵汝愚一死，我以朝廷诏令的形式，宣布道学为“伪学”，给赵汝愚、朱熹、彭龟年等五十多个道学名流扣上“伪学逆党”的帽子，已死的追夺官爵，没死的革职流放，所有道学门徒及其同情者一律剥夺参加科举考试的资格，在全国严禁传播、谈论道学思想。

辛弃疾

这就是南宋历史上有名的庆元党禁。韩侂胄运用高压手段打倒了反对派之后，他的权势和地位飞速上升，成为在宰相之上的大权臣。

韩侂胄

因为怕对道学打压得过狠会遭致日后的报复，我便逐渐放开了党禁。我还想成为岳飞式的英雄，于是准备北伐。

辛弃疾

为了给北伐营造氛围，韩侂胄还请宋宁宗追封岳飞为鄂王，给予政治上的极高地位，同时削去秦桧的官爵，并把他的谥号改为缪丑。我得知后，心中非常振奋，但内心也隐隐地有些担忧，觉得北伐事起仓促。

韩侂胄

辛大词人啊，一点都不仓促。情报说了，各族人民的反金事业正在如火如荼地展开，金国内外交困，想逃往宋国的难民都填满了道路。这难道还不是咱们出兵收复失地的大好时机吗？

宋宁宗

韩侂胄建议我把年号改为开禧，取宋太祖“开宝”和宋真宗“天禧”两年号的首尾字。并且发封桩库金万两犒军。当年太祖爷赵匡胤用每年的财政盈余设立了名为封桩库的专用银库，打算积满五百万缗后，向契丹和平赎买燕云十六州之地，若契丹不允，则充作军费，武力夺取。孝宗图谋恢复，也依样画葫芦地建起封桩库，表示收复失地的决心。现在韩侂胄让我启用新年号，动用库金犒军，看来是雄心万丈啊。

辛弃疾

韩侂胄北伐前夕，曾来向我问策。我告诫他，北伐绝非一朝一夕能够成功的，一定要知己知彼、稳扎稳打。切忌冒险轻进。但是我的话全被他当成了耳旁风。南宋军队从东、西、中三路北伐，初战告捷，占领了泗州。但随后遭到金军的反击，全线溃败，后来两淮丢失，北伐基本宣告失败。究其原因，宋军战斗力低下是一方面，更重要的是韩侂胄所用之人皆是酒囊饭袋。

韩侂胄

打不过，只好求和吧。

史弥远

求和？你求得起吗？人家不但要钱，还想要你的人头！

韩侂胄

不好，我怎么觉得眼皮老跳啊。

史弥远

你的好日子到头了，朝中局势也变了。你所依仗的韩皇后死了，现在是反对你的杨氏为皇后。杨皇后跟我商量好了，要把你搞下台。

韩侂胄

没想到螳螂捕蝉，黄雀在后。北伐失败后，在一次上朝的时候，我就发现，朝堂之上的御林军出现了许多新面孔。我正纳闷呢，忽然中军统制夏震跟我撞了个满怀。这小子平时巴结我还来不及呢，今天却一反常态地说："有口谕。"然后他带着我走到玉津园。玉津园的夹墙内阴风刺骨，我还没站稳呢，夏震就拔出佩刀，刺向我的胸膛。我倒在血泊之中，眼前的景象渐渐模糊了。

史弥远

韩侂胄死后，我主持和议。按照金国的要求，我派使臣把韩侂胄的头送到金朝，并且增岁币为三十万，犒师银三百万两。金军才从侵占的土地上撤回。

韩侂胄初心不是不好，史弥远割其头送给金国的投降做派更是让人不齿！南宋虽偏安一隅，但经济发达，具备北伐的基础，可一百五十余年间，除岳飞外，毫无作为，这难道不能说明问题吗？正是因为道学兴盛，以及秦桧、史弥远这样的人物太多了！

小剧场

你这放弃得有点快呀，是不是早想好了？

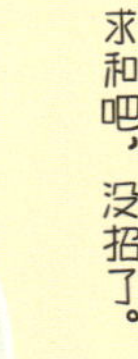
求和吧，没招了。

等着下台吧你。哼。

左眼跳财，右眼跳……坏了！

假如古代名臣有内心戏……

南宋灭亡与我无关

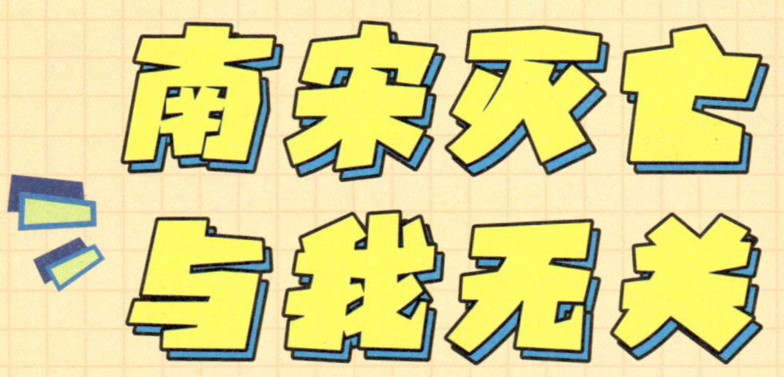

名臣小档案

名臣　贾似道

姓　　名： 贾似道

生　　卒： 1213 — 1275 年

出 生 地： 今浙江省天台县

民族族群： 汉族

朝　　代： 南宋

职　　业： 宰相

大 事 记： 鄂州大战、买公田、贬于循州

进入会场

嗨，想了解我的，可以去我直播间。

请尊重历史。

主角总是花天酒地，以为别人不知道呢？

主角，你的名作我真是百看不厌。

你说说，我听听，看你怎么编。

贾似道

演技榜 022 名 >

更多直播间 >

在南宋走向灭亡的过程中，不得不提一位人物。此君号称“蟋蟀宰相”，直接导演了为南宋王朝送终的最后一幕，他就是贾似道。他本人却不这么认为，且听他如何为自己的行为进行辩护，有请本尊，不吐不快！

参加此次大会的还有忽必烈、郑虎臣、吕文焕、陆秀夫、宋度宗。

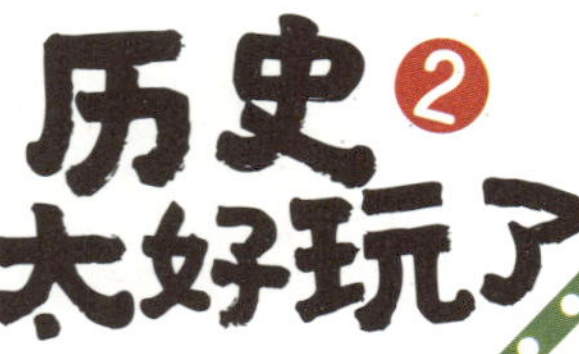

忽必烈：元朝的建立者

郑虎臣：处死贾似道的人

吕文焕：南宋后期将领

陆秀夫：南宋民族英雄

宋度宗：南宋第 6 任皇帝

贾似道

大家好，我就是大奸臣贾似道，后世都把南宋的灭亡归罪于我，我也懒得辩解，难道没有我，南宋就不会亡吗？笑话！我年轻的时候，靠着门荫（宋代朝廷给予高官或立功官员的子孙授以一定官职的特殊待遇）当了一个仓库管理员。后来我的老姐进宫，成为理宗的贵妃，我从此也平步青云。

忽必烈

南宋的皇帝如此任人，不亡才怪呢！我们看出了这样的苗头，大汗蒙哥亲率一路大军进攻合州（今重庆市合川区），我率另一路大军围攻鄂州。

贾似道

鄂州被围，吓得皇帝和大臣们都准备逃跑，但遭到文天祥等主战派的强烈反对。无奈之下，理宗责成我组织抵抗。在我的组织下，成功守住了鄂州，但多次交战后宋蒙双方都是精疲力竭，难以再战，于是我派出使者向忽必烈求和。

忽必烈

我本想不同意，可是突然传来大汗在合州逝世的消息，军营内人心浮动，我也着急返回漠北争夺汗位，因此就答应了贾似道的请求。

吕文焕

蒙哥死于合州钓鱼城。事略参看金庸先生的《神雕侠侣》。

贾似道

老吕，你敢拿野史欺瞒读者，罪该万死。你还是好好地守住你的襄阳吧，杨过大侠、小龙女和五绝都会给你帮忙的，可别丢城失地啊。

吕文焕

放心吧，虽然金庸先生把我描写得那么不堪，可事实上我还是很顽强的。

陆秀夫

大家好，我就是赫赫有名的背负南宋末帝蹈海而亡的陆秀夫。南宋末年，有贾似道这样的奸臣当政，也该大宋灭亡。理宗晚年，南宋已脆弱不堪，但理宗还算幸运，死得早。理宗之后是度宗，其实度宗是真正灭亡南宋的人。

宋度宗

你虽然是大宋朝的忠臣，可你这么说，我依然要告你诽谤。我上台之初，不也是亲理政事，打算励精图治的吗？一些正直的大臣上书弹劾贾似道，我不也照顾他们的情绪了吗？

贾似道

度宗给我玩下马威，我以退为进，宣告下野，然后让人假传前线警报，说忽必烈亲率大军犯边，有直取临安之势。

宋度宗

我召集众臣，商量抗蒙之事，可万万没有想到，满朝文武竟没有一人能提出御敌之策，更不用说为国家领兵出征了。无可奈何之下，我只好用谢太后的面子，请贾似道回来主政。

贾似道

重掌大权的我，风光无限地奔赴“前线”，无事而回，度宗和朝臣见是一场虚惊，额手称庆，哪里还顾得上追查实情。

陆秀夫

贾似道就是这样把国家安危视同儿戏。通过这场鬼把戏，年轻的度宗对朝臣完全失去了信心，自己也失去了治理朝政的信心和热情，把大权往贾似道那里一推，纵情享乐去了。堂堂的大宋朝廷，权臣靠欺瞒的方式获得荣显，有见识的士大夫却受到排挤，有劲使不上。

郑虎臣

为了弥补捉襟见肘的政府财政，补充亏空的军粮，贾似道

极力推行“买公田”政策。所谓的“买公田”，就是按级别规定占田限额，超限部分由官府购买作为公田出租，租种公田者需要向政府上缴租米，租米充作军粮。表面上看“买公田”只是官家强行购买大户地主的农田，其实推行起来，无异于对小户人家和普通农民土地的强取豪夺。最终“买公田”难免沦为一场转嫁社会危机和经济困难的惨剧，大大地激化了国内矛盾。

陆秀夫

贾似道却过着花天酒地的生活。都说晋代石崇豪富，可跟贾似道一比就相形见绌了。西湖的葛岭，有贾似道的一座园林，可谓神仙福地。贾似道在此修造“后乐园”，无耻地标榜自己有“后天下之乐而乐”的风范。他为了进宫方便，特命人制作了一艘缆船，进退全凭大缆绳绞动装在岸上的盘车。每当催唤臣属上朝的钟声敲响之际，贾似道便坐上缆船穿过西湖水面上朝。

郑虎臣

贾似道有一癖好就是酷爱斗蟋蟀，曾专门写了一本《促织经》讲述自己养蟋蟀和斗蟋蟀的经验。据说，有一次他与群妾一起趴在地上斗蟋蟀，身边有个朋友开玩笑逗他说：“此军国重事耶？”贾似道不仅不羞愧，反而相当欢喜。这样的奸臣把持朝政，大宋不亡才怪呢！

忽必烈

没事，我帮你实现梦想。我已经建立了大元，下一步就是要灭亡南宋。

吕文焕

元军攻破樊城，襄阳危在旦夕。襄阳城内粮尽援绝，城中拆屋当柴烧，缝纸币做衣穿，我不断向朝廷告急，可军情奏章如石沉大海。

贾似道

我一面向皇帝要求亲临前线，一面又暗地里指使谏官上奏皇帝，把自己留在朝中。

吕文焕

最后我支撑不下去了，只好献城投降。元军占领襄阳后，很快便攻下了鄂州。

陆秀夫

贾似道不得已，硬着头皮出征。他带了大批辎重，前后绵延百余里。到了前线，他又不敢开战，只想讲和，许给元兵巨额赔偿款，可是元人因其无信，拒绝议和。

贾似道

我只能冒险决战，结果一溃千里。我逃到扬州，上书朝廷，建议迁都，并请求度宗往海上逃跑。

陆秀夫

贾似道兵败辱国，朝野震动，群情激愤。太学生及台谏、侍从官又纷纷上疏请杀贾似道，谢太后不许。

宋度宗

天下人必欲诛贾似道而后快，后来连谢太后也庇护不了了，就把贾似道贬为高州团练使，派人监押到循州安置。

郑虎臣

我主动请缨监押贾似道。这厮被发配了还带着十几个侍妾，我全把她们赶跑了。我让人拆去贾似道乘坐轿子的顶盖，让他“暴行秋日中”。一天，我们一行走水路至南剑州。我想让贾似道自行了断，就提醒说：“水清甚，何不死于此？”

贾似道

郑虎臣想害死我，我才不会上当。我告诉他：“太后许我不死。”可是到漳州后，我做了一个噩梦，梦到身陷淤泥之中，周身上下污黑不清，浊臭的泥水让我窒息，四肢在淤泥中狂乱地挣扎。醒后，出了一身的冷汗，我自知大限将至。

郑虎臣

我们来到漳州城南五里的木绵庵。贾似道上吐下泻，不住地上厕所。我很生气，冲进厕所，抓起贾似道的胸襟，连续往地下猛摔，致使他的肋骨折了几根。折腾了半个时辰，贾似道死于厕所，结束了他的一生。

陆秀夫

贾似道一生误国误民、误尽苍生，死在厕所也算死得其所。郑虎臣畏罪，抢夺了贾似道带的金银财宝，逃至潮州，成为那里郑氏的鼻祖。贾似道死后第三年，元兵攻破崖山，我背着九岁的皇帝赵昺在崖山蹈海自杀，连同腐朽没落的南宋王朝一起葬身大海。

贾似道粉饰太平，误国误民，罪该万死，但要说南宋亡于他之手，则有失公允。两宋三百余年，积弊已久，尤其是南宋诸帝，贤君很少，即便没有贾似道，也还会有甄似道、伪似道来推波助澜。何必把一朝之亡归罪于一人呢？

贾似道

× × 年

我惹不起，总躲得起吧，开门！让我进去！

3 喜欢　　3 评论

忽必烈

怪我，没有当机立断地解决你。

吕文焕

你也扛不住了吗？太难了对不？

陆秀夫

不要做无谓的挣扎。

姓　　名：胡惟庸
生　　卒：？—1380 年
出 生 地：今安徽省定远县
民族族群：汉族
朝　　代：明朝
职　　业：政治家
大 事 记：谋害刘伯温、植党营私、皇权相权之争

进入会场

这到底是谁的主场？

别整这些，有能耐咱们比点真东西？

陛下就是偏心，难道我不够努力吗？

陛下，您就听我一句，老奴也是为您好呀。

瞎说什么大实话，我不是也后悔了吗。

胡惟庸

演技榜 023 名 >

更多直播间 >

朱元璋所建立的大明帝国把皇权专制文化推向了极致，废除了丞相制度。为此他不惜掀起大案。胡惟庸处于这样的历史关头，难免会成为皇权与相权斗争的牺牲品。他有一肚子的苦水要倒，有请本尊！

参加本次大会的还有朱元璋、刘伯温、李善长、云奇。

朱元璋：明太祖，明朝建立者

刘伯温：明朝开国功臣

李善长：明朝开国功臣

云　奇：明朝宦官

胡惟庸

大家好，我叫胡惟庸。我很早就投到朱元璋的军中，做过各式各样的小官，慢慢地才被朱元璋赏识并受到重用。我还算有才气，写得一手好文章，做事情干练机敏。

朱元璋

明朝建国后，我让昔日的谋士李善长任左丞相，猛将徐达出任右丞相。徐达长期领兵在外作战，实权实际操于李善长之手。李善长可不是一个人，他背后有个淮西派，都是帮助我建立大明的功臣。

刘伯温

皇上真是偏爱淮西派啊，李善长在朝臣中位列第一，而我只封了一个诚意伯，官拜御史中丞，和李善长相较差得太远。因为我不属于淮西派。

朱元璋

我是想保护你啊，伯温。

李善长

刘伯温，你凭什么跟我们淮西派争？我们的功勋都是冲锋陷阵、流血牺牲才换来的，你呢？光会耍嘴皮子！

朱元璋

淮西派的势力过于膨胀，我对此深表忧虑。

刘伯温

李善长以为权势越大越好，我却替他捏了一把汗。自古皇权与相权并非和平相处，而是处于不断斗争、妥协、破裂、再斗争、再妥协的循环往复当中，尤其是朱元璋这样强势的君主，更不允许有人跟他分权。可惜李善长智慧不足，身在火炉之上，却不知道热。

胡惟庸

我跟李善长既是老乡，也是儿女亲家。我们淮西派如日中天，连朱元璋施政都不得不顾及我们淮西派的看法。可后来发生了一件李彬渎职案，给淮西派带来了非常不好的影响。李彬官职虽然不大，却是李善长的心腹。在李彬的主持下，李善长的丞相府简直成了一个买官卖官的大市场，每晚的成交额都有数十万两白银之多。当时的京城，流传着大丞相和小丞相之说，李善长是大丞相，而李彬则成了小丞相。没有不透风的墙，李彬的这些勾当，没过多久就被杨宪发觉。杨宪把李彬的事告诉了刘伯温。刘伯温就带人去查抄丞相府，结果当场抓住了李彬，人赃并获。李彬一看刘伯温到了，就知道大事不妙，但仍不忘维护李善长，声称所有罪责自己承担。

刘伯温

你们淮西派飞扬跋扈，可别怪我杀一儆百，杀杀你们的威风。我坚持要处死李彬，李善长沉不住气，打算营救他。我没给他面子，说啥也要处死他。

李善长

小胡，你记住刘伯温跟咱们淮西派结的仇恨。

胡惟庸

放心吧，老大哥，我将来给你出气。

朱元璋

我回京后，闻知此事感到震怒，想撤李善长的职，打击淮西派的势力。

刘伯温

虽然我长期受到李善长的排挤，但出于公心仍劝朱元璋不要撤换李善长，因为李善长是个功勋卓著的功臣，能够调和诸将。皇上跟我说，干脆这个丞相你来干得了。我可没那么傻，我当丞相，底下一帮子淮西派的人，我能干得了什么！我当场拒绝。

朱元璋

刘伯温并没有当丞相的野心，但只要李善长、徐达、刘伯温这些人存在，势必会威胁到我的皇权，势必会危及我的子孙后代，因此我必须想一个十全十美的计策，把他们一个一个全都除掉。我需要一枚棋子，来盘活整盘棋，思前想后，终于有了合适的人选。胡惟庸是淮西派的人、李善长的亲信。刘伯温对他不满意，两个人之间嫌隙日深。

胡惟庸

我在朝中就是牵连面非常广的一个核心利益攸关者。朱元璋真是高明啊，他做好了我这篇文章，就可以把淮西派以及刘伯温那些人一网打尽，更为要命的是，我想不当这颗棋子都不行。我当上左丞相后，朱元璋没有设置右丞相，朝中形成了一人“独相”的局面。我大权独揽，心里乐开了花。后来我才知道，这一切都是朱元璋给我的，是给淮西派挖的坑。

刘伯温

我鉴于胡惟庸在朝中的势力，觉得难以立足，便告老还乡。即便这样，我还是不能避免卷入政治旋涡。胡惟庸指使亲信诽谤我在有“王气”的地方营造坟墓，有不轨的意图。

朱元璋

有好戏看喽，这叫坐山观虎斗。

胡惟庸

刘伯温也太不禁斗了，我随便搞了一下，他就忧愤成疾，死了。

朱元璋

胡惟庸小人得志，如同一条恶狗，我让他咬谁他就咬谁，真是好使。

胡惟庸

我在相位上七年，大权独揽，说一不二，替皇上干了许多他想干却不便干的大事。我就如同一个枪头，皇上让我扎谁，我就毫不犹豫地扎过去。这七年来，那些惹皇上不高兴的功臣都被我收拾得差不多了，我飘飘然，有时候也有点忘乎所以了。

朱元璋

欲使人灭亡，先使其疯狂。我觉得到了收网的时候了。洪武十二年秋天，占城国向天朝进贡，我竟然事先没接到报告。我质问胡惟庸，接见外交使节这么重要的事，你怎么敢瞒着我进行呢？

胡惟庸

我还纳闷呢，往年皇上也不怎么在意这些朝贡的小事情，连问也不问，今年怎么突然问起来了？我也不敢说什么，只好叩首谢罪，将责任全部推到具体负责朝贡事宜的礼部。谁料礼部给我顶回来了，坚称已将占城国进贡一事报告了中书省。

朱元璋

省、部两方互相推诿，我十分生气，要省、部一起追究，追查到底。我还下令囚禁了中书省和礼部的一些官员。

胡惟庸

洪武十三年正月初二，一大早就飘起了小雪，到中午时雪越下越大，片片如席从天空摇落。正是大雪纷飞的时候，被关押的一名中书省的官员，在狱中举报我谋反，另有一名御史中丞也站出来佐证我要谋反的事实。我一看，要坏事了，皇上要下手了。正月初六，世界还处于一片冰天雪地之中。天空中阴云如铅，我闷坐家中，心中全是不祥的预感。可是我不能坐以待毙，我想出了一个主意，谎称家中井里涌出了美酒，邀请皇上莅临品尝。

朱元璋

胡惟庸死到临头还想翻盘，我就是去了你的府上，你能把我怎么着？

云奇

我是皇上跟前的太监，劝皇上千万别去，要防备着胡惟庸狗急跳墙。我还告诉皇上一个民间传说——胡惟庸老家的人都说，其定远的老宅子里，有一眼井忽然长出了石笋，高出水面数尺，还说胡家的祖坟上，夜夜火光照亮夜空，紫气缭绕。有献媚的人说：“这是吉兆，石笋出水乃是高升之兆，紫气东来乃是天子之命，这两个预兆都是大吉大利啊。”丞相的高升之兆不就是皇帝吗？这可把胡惟庸乐坏了。这样的人杀一百遍都不足惜，陛下怎么还要以身犯险呢？

朱元璋

我为何要怕他？他不过是我豢养的一条恶狗而已，现如今我要杀狗打牙祭了。

云奇

我记得非常清楚，当天当御辇行过西华门的时候，我感觉十分不妙，浑身紧张，赶紧冲到御辇前头，勒住马缰绳，着急得呼呼直喘，说不出话来。

朱元璋

我也觉得有些唐突了，何必要冒这个风险呢？云奇指了指胡惟庸丞相府的方向，我会意后赶紧让回銮。回到皇城，我登上城楼，遥遥看见丞相府的夹墙中充满了兵丁卒勇，人人手中都擎着刀枪。这场大戏马上要大结局了。

胡惟庸

结局就是我被满门抄斩，朱元璋以“擅权植党”的罪名，做成大案，将淮西派一网打尽。让我想不到的是，我被处死的第二天，朱元璋就宣布了一项震惊天下的决定——废除丞相。

伴随着胡惟庸一起灭亡的，还有施行了几千年的丞相制度。相权彻底败下阵来，皇权无以钳制。而此时的西方已经开启了轰轰烈烈的文艺复兴运动。此后东西易势，明清体制腐朽没落，中国渐渐形成落后挨打的局面。

< 发现 朋友圈 

胡惟庸

陛下指东我绝不往西。

××年 删除 •••

李善长

你牛，你牛，佩服，佩服！

刘伯温

呵呵。

云奇

陛下，小心龙体。

假如古代名臣有内心戏……

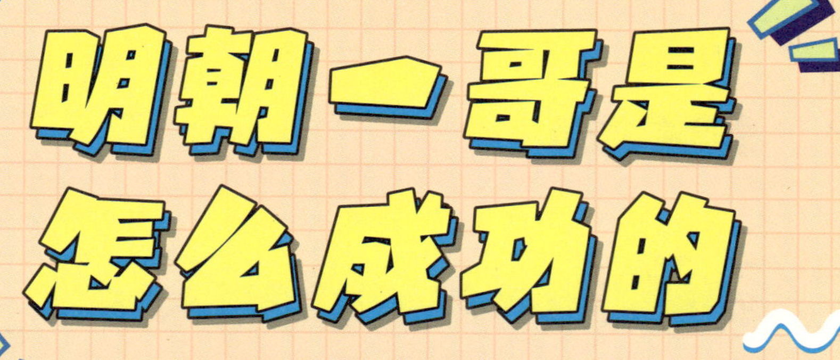

姓　　名：王守仁
生　　卒：1472 — 1529 年
出 生 地：今浙江省余姚市
民族族群：汉族
朝　　代：明朝
职　　业：思想家、文学家、军事家、教育家
大 事 记：怒批权宦、创立心学、平定内乱

进入会场

师父，我永远支持你。

姓王的，咱做人不要这么假。

儿啊，我怎么也想不到，你长大后会这么优秀……

怎么看你，怎么是跟我一样的少怀壮志。

动嘴皮算什么本事？有能耐咱们打一架！

王阳明

演技榜 024 名 >

更多直播间 >

众所周知，王阳明是心学的创立者，是一位能够被称为“圣人”的大儒，而且他的军事才能也不弱，堪称文武双全，做到了“立德、立功、立言”三不朽。在中国历史上这样的人并不多。当然了，他的成圣之路也并非一帆风顺，而是充满了艰辛坎坷。有请本尊，一吐为快！

参加此次大会的还有正德帝、刘瑾、王华、朱宸濠、钱德洪。

正德帝：明朝第 10 任皇帝
刘　瑾：正德时大太监
王　华：王阳明的父亲
朱宸濠：明朝宗室、宁王
钱德洪：王阳明弟子

王阳明

大家好，我就是王守仁，别号阳明。大家都说我是继孔孟之后的圣人，我哪敢当啊，又说我做到了“立德、立功、立言”三不朽，哪里啊，这都是大家抬爱我。其实我并没有那么伟大，我不过是受过些磨难的读书人罢了。

刘瑾

姓王的，过分的谦虚就是骄傲，懂不懂？

王华

我说儿啊，按照你小时候的表现，我怎么也想不到你会成为一位圣人。你比别人晚了四个多月才出生。生你那天，我梦见一名红衣天神抱着一个小孩踏云而来。所以给你起了个王云的名字。你长到五岁了还不会说话，把你爷爷着急坏了。

王阳明

我想起来了。守仁这个名字就是爷爷给我起的，说《论语》中有一句话，叫“知及之，仁不能守之，虽得之，必失之”，便把我的名字改成了王守仁。

王华

说来也是神奇，名字一改，你就会开口说话了。当你长到十一二岁的时候，我问你：“人生何谓第一等事？”你想都没想，说是当圣贤。现在看来，什么事都是有根据的。

王阳明

我从小就立志当圣贤，可是我也想当军事家，因为明英宗于木土堡被俘，我少年的心灵蒙上了一层阴影，我发誓要学好兵法，为国效力。

正德帝

没看出来，你还是少怀壮志，跟我一个样子。

刘瑾

他一介腐儒，怎么能跟陛下您比呢？！

王阳明

说来惭愧，直到二十八岁，我才考中了进士。我为了国家的边疆稳定，曾多次建言献策，结果如同石沉大海，连一点回响都没有。

刘瑾

你写的那点狗屁文章，皇上看了脑袋都疼，怎么会搭理你呢？不治你的罪就不错了。要是换了我，早就收拾你了。

大太监刘瑾太可恶，朝廷的事都被他搞坏了。正德皇帝即位的时候，年纪还小，刘瑾操权窃柄，胡作非为。一些文官仗义执言，纷纷上书，要求治刘瑾的罪，并裁撤那些被刘瑾提拔的官员，结果反被下了大狱，而且株连甚广，连我在北京做官的父亲都被罚至南京。刘瑾如此为非作歹，危害朝廷安全，我岂能袖手旁观，于是我上疏参劾他。

刘瑾

小子敢与我为敌！我连你父亲都收拾了，还在乎你吗？我必定让你付出惨重的代价，哪里远我给你发配到哪里去。我拿着地图找了半天，发现贵州有个地方挺好，你就老老实实地去那里吧，而且必须马上动身，路上不许停留。

王阳明

我终因得罪刘瑾而付出了代价。正德二年的夏天，我抵达钱塘，打算赶赴龙场驿站。刘瑾对我恨之入骨，派人暗中尾随，想趁机杀掉我。我假装投江，才躲过一劫。我躲上舟山，忽然风雨大作，搭上商船，倏忽间已到闽界。我本想就在福建归隐，做天地一沙鸥。可是我为了老父亲打消了归隐的念头。我当时曾作诗一首：“险夷原不滞胸中，何异浮云过太空？夜静海涛三万里，月明飞锡下天风。”随后我取道武夷，先看望身在南京的老父亲，然后进入贵州，终于在正德三年三月抵达贵州龙场驿站。

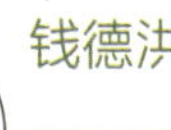

钱德洪

老师，这是天将降大任于是人也！

王阳明

小钱，千变万化不离一心。风雨沧桑也不外一心，处理好与自己这颗心的关系，将决定一个人与他所处世界的关系。发心是你塑造这个世界的起点，将来你的世界是什么样子，不是外部说了算，也不是你的意志说了算，而是你的心说了算。

钱德洪

所以老师常对我们说：“无善无恶心之体，有善有恶意之动，知善知恶是良知，为善去恶是格物。”

王阳明

龙场驿站不过是一个小小的驿站，处于万山丛棘之中，虫蛇怪兽横行，蛊毒瘴疠弥漫，四境荒凉，人烟稀少。我刚到这里时，既无住房，又无粮食，只好栖居山洞，亲手种粮种菜，折薪取水，苦熬度日。加上我身体又不好，随时都有倒毙荒野的危险。这一切促使我反省自心，返观过往。我慢慢地觉得，得失荣辱皆能超脱，唯生死一念，尚觉未化。我为了能了脱生死，特意订了一副石棺，排除生死杂念。经此一番锤炼，我才真正成为心的主宰，获得解脱。我记得有一个晚上，我觉得有

人在黑暗中跟我说话，忽然之间我就悟到了圣人之道在于吾性自足，以前向外求索都是错了。

钱德洪

这就是传说中的“龙场悟道”。您见当地居民的生活方式落后，便教化他们。随后居民们特意为您建造了龙冈书院。这便成了阳明心学的起点。

刘瑾

没想到竟然是这么一个结果，我竟然发配出一个圣人来。这么说，阳明心学的创立，我居功第一。

钱德洪

你不要脸第一！

王阳明

心学的特点在于“致良知”和“知行合一”。发现良知后，要“致”，怎么致？就是把良知用到方方面面，引发灵魂深处的革命。良知发现容易，发挥到极致却太难；发挥到了极致，不去行也不行，说到不等于做到，难就难在心。

钱德洪

老师在龙场悟道后，离开贵州，带着一帮文人来到江西，平定了赣南长达数十年的匪患。赣南百姓把王阳明呼为神。赣南平匪后，老师再接再厉，活捉叛乱的宁王朱宸濠。然后奔赴广西戡乱，采取软硬兼施、打拉结合的策略，迅速平定了一场少数民族叛乱。

正德帝

说起宁王之乱，真是气死我了，为了搞定宁王，本人皇帝都不想干了，自封为大将军，准备亲自捉住朱宸濠，没想到竟被王阳明抢了先。

朱宸濠

你们两个就气我吧，搞得我像老鼠一样，被你们玩来玩去。王阳明打败我，我服气，人家熟读兵法战策，可是你这位天子真是毫无体统。有本事咱俩亲自打一仗，我要是输了，我就不姓朱！

钱德洪

老师简直成了大明的灭火器，哪里有火，他就去往哪里，还天地百姓以安宁。我就想问老师一句，您是怎么做到这么不同凡响的？

王阳明

无非两个字——克己。“人须有为己之心，方能克己；能克己，方能成己。”一切变化贪求，皆是这颗心转动所致，因此人要修心，时刻洞察灵魂深处的欲望，去除心中的杂念，让心灵返璞归真，不让外在意念控制。这就是克己。

1529年，沉疴多年的王阳明笑着留下一句：“此心光明，亦复何言？”便溘然长逝。此心光明，正可总结他的一生。此光明也将照耀千古，引领后人！

王阳明

 ×× 年

此心光明，亦复何言？

 3 喜欢 ⋯ 3 评论

正德帝

越看跟我越像。

朱宸濠

告诉你们那个天子，我等着他，哼。

刘瑾

能不能消停会儿。

姓　　名：夏言
生　　卒：1482 — 1548 年
出 生 地：今江西省贵溪市
民族族群：汉族
朝　　代：明朝
职　　业：政治家、文学家
大 事 记：拒戴道士冠、支持收复河套、夏、严争权

进入会场

我这也算死得有价值？！

今天让你们瞧瞧什么叫天威难测。

大家好，请容我自我介绍一下，我是……

老兄你命太短了，错过了不少好戏。

我们朱家的子孙真是太优秀！

夏言

演技榜 025 名 >

更多直播间 >

明朝嘉靖帝二十几年不上朝，号称“断头政治”。他虽然不上朝，可一切尽在掌握。夏言作为内阁首辅，奔走于皇帝与百僚之间，被大奸臣严嵩排挤和陷害，最终丧命。他经历了怎样的心路历程，有请本尊，一吐为快！

参加此次大会的还有嘉靖帝、严嵩、曾铣。

嘉靖帝：明朝第 11 任皇帝

严　嵩：嘉靖时权臣

曾　铣：明代抗蒙名将

夏言

大家好，我就是夏言，嘉靖朝出了不少名臣，杨廷和、我、严嵩、徐阶、高拱、张居正、海瑞、胡宗宪、戚继光……这个名单写下去恐怕很长，所以嘉靖帝当了四十五年皇帝，最不缺的就是人才，可是这一手好牌，却被他打得稀烂。

嘉靖帝

大礼议事件，群臣侧目。我让他们知道了什么叫天威难测。

夏言

嘉靖帝是小宗入继大宗，按理应该奉孝宗为正统，然而他继位不到三天，就追封死去的生父为皇帝，尊称在世的生母为皇太后，借此向天下人表明，他的继位不需要领任何人的情。首辅杨廷和坚决反对，他的儿子杨慎反应更加激烈，声称：“国家养士百五十年，仗节死义，正在今日！”数百个官员响应号召，一起跪到了左顺门外。

嘉靖帝

跟我叫板是吧，都活腻了！我下令逮捕带头的官员，把他们投入锦衣卫诏狱。第二天又逮捕了一百多人，全部加以廷杖，当场打死了十六人。

夏言

皇上以这种野蛮的方式取得了大礼议事件的全胜。从此以后，朝臣再也不敢跟他叫板了。

严嵩

那是你命短，你要是有幸活到嘉靖末期，你就会知道有个叫海瑞的人，在一封奏疏《治安疏》里大骂皇上，说“嘉靖嘉靖，家家皆净也”，气得皇上吐血。我是亲历者，海瑞的胆子比倭瓜还大，你是比不了的。

夏言

我为啥活的时间短，你心里没点数吗？嘉靖帝难伺候是出了名的，我在首辅位上四上四下，感觉就像坐过山车一样。嘉靖帝信奉道教，大臣们得跟着写青词。所谓的青词，也叫绿章，就是把对道教神灵的敬爱和崇拜，用红笔写在青藤纸上，于神灵牌位面前焚化，据说这样就可以将内容送达神灵。因此撰写青词成了内阁大学士最主要的任务。

严嵩

当时我正在老家读书养病，皇上让我进京撰写青词。我心中暗喜，在乡下读书这么多年，终于可以发挥发挥了。

夏言

就因为嘉靖帝巡幸时我迟到了，我第一次被罢免。嘉靖二十年，皇太后去世。我老眼昏花，竟然在奏疏中误写年号，皇上再次将我罢免。第三次被贬，只在一字之差的半年之后。皇上要做法事，让我戴香叶冠、穿道袍，被我直接拒绝了。

嘉靖帝

专门跟我作对，是吧？我可不能惯着你。

夏言

孟子言：“民为贵，社稷次之，君为轻。”我这次豁出去了。嘉靖帝让我滚出大殿，我脖子一梗，说滚也可以，你下个让我滚的旨意。

嘉靖帝

你让下旨我就下旨？你说了算还是我说了算？直接给轰出去。

夏言

我也急了，挺起了脊梁，坚称没有旨意，打死我也不走。

严嵩

皇上你看到了吧，夏言平时就是这么嚣张跋扈，不把皇上看在眼里。

夏言

严嵩真是神补刀，嘉靖帝受了他的蛊惑，以“欺凌君上，作威作福”的罪名，第三次将我罢官。严嵩一跃成为首辅，大权独揽。内外百官无论做什么事，都要向严嵩请示。

嘉靖帝

做皇帝的就是要打一派、拉一派。这一派嚣张了，用另一派打压一下；另一派嚣张了同理。保持平衡，龙椅才坐得稳，千万不能让一派常青，那样会很危险。严嵩上台后，权势不断膨胀。为了牵制他，我让处江湖之远的夏言重返中枢。这就是帝王之术。

夏言

我再次成为首辅，决定不再姑息严嵩。我把票拟权全都收归己有，排除了严嵩参与帝国决断的可能。然后对那些严嵩提拔起来的官员，该抓的抓，该贬的贬，沉痛地打击了严党。

严嵩

夏言重返中枢，怒气冲冲，我哪敢撄其锋芒？只能隐忍。偏偏这个时候，我那个不省心的儿子严世蕃犯在他手里。万般无奈之下，我只好领着严世蕃到夏言家里，在他的床前长跪不起，痛哭流涕，祈求饶恕。

夏言

我一看此情此景，心中暗说，你们严氏父子平时那股子嚣张劲哪里去了？看着他们跪倒在我的床前，我心里别提多痛快了。

曾铣

大家好，我是三边总督曾铣。内阁在大斗法，边境上也不消停。蒙古在沉寂多年之后，重整铁骑南下，入寇太原、平凉，烧杀掳掠。我上书嘉靖帝，要求收复河套。

嘉靖帝

看到曾铣的奏疏，我大为振奋，让兵部详细研究此事。

夏言

我强烈支持曾铣收复河套。皇上在我的说服下，拨给曾铣白银二十万两充作军资。曾铣回去积极备战。可是事情中途出了岔子。当年七月，陕西发生了山崩，民间谣言四起；十一月，紫禁城中突起熊熊烈火，皇后死于火灾，印证了山崩的凶兆。嘉靖帝内心极度不安，敦促曾铣赶快出兵。这时北京又起了沙尘暴。天象如此不利，嘉靖帝惶惶不可终日，神情沮丧而且紧张。有个皇上宠信的道士，声称山崩是要应在皇帝身上，只有赐死首辅或边防大臣，才能免去皇帝的灾祸。嘉靖帝对此深信不疑。

严嵩

你们哪里知道，那个道士早就被我收买了，我之所以这么做，无非是要借机除掉夏言，以报夏言凌辱我们父子之仇。

夏言

严嵩污蔑曾铣贿赂我数万两白银，所谓的河套用兵，无非是拿朝廷的钱中饱私囊。嘉靖帝对此深信不疑，完全不顾之前支持曾铣用兵的立场。结果我和曾铣双双被弃市处死，替皇帝应了山崩的凶兆。

曾铣

能替皇上免去凶灾，也算死得有价值了。我感到悲哀的是，大明朝内阁的这种争斗，一直到明亡都没停止过。严嵩似乎是胜利了，但没过多久，即被另一个新崛起的政治新星徐阶扳倒。继徐阶、高拱后而起的张居正为了挽救明帝国的颓唐命运，锐意改革，轰轰烈烈地大干了一场。可是明帝国已近暮年，各种积习已然大成气候，绝非一人之力可以挽回。夏言救不了大明帝国，张居正也救不了。

明朝实亡于宦官专权和断头政治，而出现这两种情况的前提是皇权的空前加强。明太祖废除丞相为的是让江山永固，没想到却为后代施下诅咒。这是朱元璋万万想不到的。夏言的故事不过是明朝废除丞相的后遗症罢了。

夏言

 × × 年

没有旨意，我是不会离开的。

3 喜欢　　3 评论

严嵩

怎么这么犟呢?

曾铣

我们太难了，呜呜。

嘉靖帝

还敢跟我对着干，真是好样的。

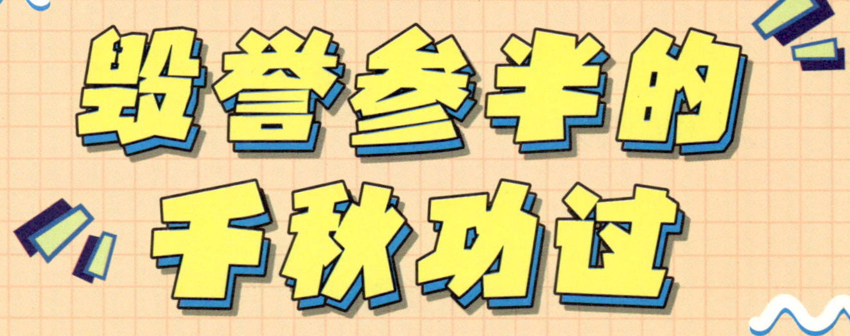

名臣　曾国藩

姓　　名：曾国藩
生　　卒：1811 — 1872 年
出 生 地：今湖南省娄底市
民族族群：汉族
朝　　代：清朝
职　　业：政治家、战略家、理学家、文学家、书法家
大 事 记：创立湘军、平定太平天国、发起洋务运动

进入会场

老师我来给您捧场了。

我再次重申：左宗棠鸡和我没有任何关系。

我就知道你得提起我，这不，我亲自来了……

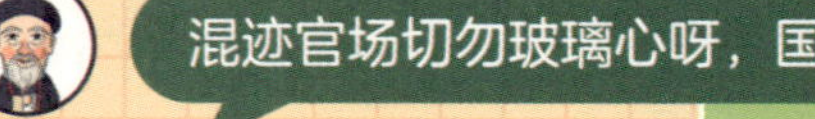

爱卿不必理会那些流言蜚语。

曾国藩

演技榜 026 名 >

更多直播间 >

曾国藩为晚清重臣，又号称中国最后一个大儒，被后人无限推崇。有人曾经问他，破太平军后，湘军数十万兵，若是拥兵造反，何人能治？曾国藩默然不语。他内心是怎么想的，恐怕只有他本人才说得明白。有请曾文正公！

参加此次大会的还有咸丰帝、洪秀全、左宗棠、张之洞、李鸿章。

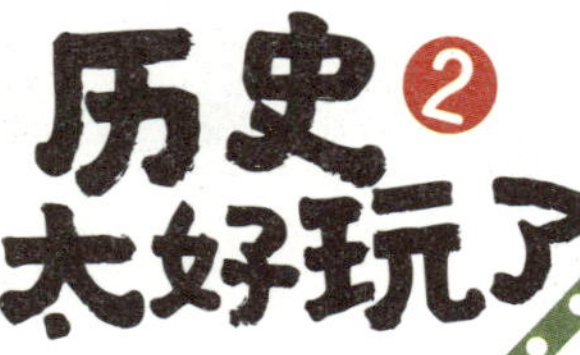

咸丰帝：清朝第 9 任皇帝

洪秀全：太平天国的建立者

左宗棠：晚清名臣

张之洞：晚清名臣，洋务运动的发起者

李鸿章：晚清名臣，淮军首领

曾国藩

大家好，我就是曾国藩。现在市面上销售的关于我以及我的日记的畅销书籍、短视频上我的那些名言警句、所谓出自我口的铺天盖地的毒鸡汤、培训中假借我名义的种种励志奋斗故事，令人目不暇接。在此我也做出严正声明：凡各种场合出现的“我”所说的话和所持的观点，一概不是我的话和我的观点。

李鸿章

老师，您还是这么谦虚啊。

咸丰帝

曾爱卿，后世的事你管他作甚，活好当下！

曾国藩

怎么，皇上，你现在这么想得开了？当初我可是记得你胆小如鼠，洋人一来，你就想跑。

咸丰帝

你是不是想被剃头了？

曾国藩

我是开玩笑的，何必当真呢。我的故事呢，都快众人皆知

了，我也不想再一一说来耽误时间，我还是拣重点的说吧。我要从一场规模浩大的起义说起。

洪秀全

老曾，你是要说我了吗？我虽然被你打败了，可我依然瞧不起你们清朝。当初，我太平军以摧枯拉朽之势横扫清朝半壁江山。我们曾经有个统计，清朝为了对付我，任命了二十八名钦差大臣，其中伤毙、自杀或革职逮问者便有十七名；有三十八名巡抚总督因我而丢官殒命，六十五名将军暴尸疆场。清朝在我面前发抖吧！

曾国藩

呵呵。我若不出，你自然是横暴。

咸丰帝

嗯嗯，爱卿，给我好好地收拾他。

曾国藩

这正是我训练的湘军大派用场的好机会。十年间，湘军转战十数省，黄河、秦岭以南，四川、云南以东的广大南部中国，几乎都有我的运动足迹。太平天国被剿灭后，湘军发展成一支拥有十二万人的庞大水陆武装。不是我曾某吹牛，三千里长江两岸，没有一条船不是张挂我湘军旗帜的。

李鸿章

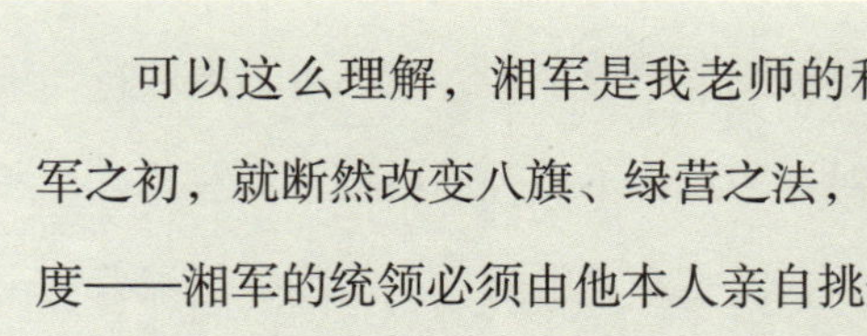

可以这么理解，湘军是我老师的私人武装。他在创建湘军之初，就断然改变八旗、绿营之法，制定了一套新的法规制度——湘军的统领必须由他本人亲自挑选；统领之下，是营官，由统领物色；营为湘军的基本单位，全部士兵均由营官亲自在本乡招募。这种递相私属的关系，他人自然无法调度指挥。

咸丰帝

你这番话让我想起了咸丰三年九月，太平军回师武汉，我急令曾国藩火速增援湖北。老曾便以水师尚未练成为借口，按兵不动。我连下了四道上谕，湘军都置若罔闻。当时我心里极度不爽——打败了洪秀全，又出了个曾国藩！

李鸿章

您多虑了，老师不是那样的人。老师练湘军的做法很值得我学习，将来我也要按照老师的路子好好训练淮军。

左宗棠

我老乡曾国藩虽然人笨了点，但练兵不是吹的。在他的示范下，我本人、胡林翼、李鸿章等人也大都练起兵来，由文人一跃而成为儒将。后来我们都出任封疆大吏，大权在握，把持了清朝的地方政权。

咸丰帝

为了防范曾国藩继续坐大，我不得不采取行动维护我的皇权。首先，对湘军将领不再轻易授权，湘军出征，所在地方严密监视提防；其次，在军事部署上，朝廷的绿营兵占据先机和优势，湘军往后站；最后，在军费上限制湘军。下面那些地方官知道了我的态度，对湘军尽情刁难和掣肘。

曾国藩

湘军将领哪一个是好惹的？我的亲弟弟曾国荃就多次给我写信表达不满，彭玉麟连官都不想做了。曾国荃、赵烈文都有劝我造反之意，那位博通经史、精于帝王之学的湘绮先生王闿运，更是多次以微语劝我取清室天下而代之，并声称“及今不取，后必噬脐”。太平天国著名将领李秀成也曾劝我自立，以形成三足鼎立之势。

咸丰帝

爱卿怎么会听这些狂徒的话？

曾国藩

说实话，皇上待我如盗贼，我待皇上如初恋。面对皇上的猜忌、朝廷的压制、地方官吏的挟制，我内心也极度不满，但“造反”“三足鼎立”“取而代之”的想法，我却从来没有过。左宗棠曾给我一封密信，其中写了一副对联：“神所凭依，将在德矣。鼎之轻重，似可问焉。”这个鼎字，有问鼎中原的含义，我难道还不知道吗？可是，我才不愿承担这个不忠的罪名呢。我能自保就不错了，怎么敢想掉脑袋的事呢。凡是劝我造反的人，都是不了解我的人。

左宗棠

老乡，你的愚忠，天下人皆知。

曾国藩

老乡，你还是不了解我啊。我出身卑微，家世微薄，被赐同进士出身后进入官场，十年七升，连升十级，都是皇上和朝廷的深恩。我自幼读圣贤之书，学的是君君臣臣、致君尧舜之道，怎么会有非分之想？就算我手握重兵的时候，我也从不从个人恩怨和利益的角度去思考问题。所以尽管咸丰帝很多疑，他也拿我没办法。我如此以屈求伸、以退为进，方能自保，否则我有十万个脑袋也不够朝廷砍的。

张之洞

国藩兄，你应该学我，不与俗人争利，不与文人争名，不与无谓人争气。

曾国藩

你说得对。我还记得咸丰四年四月，我兵败靖港，湖南地方官上书请罢湘军。我无奈先行到吏部请罪。咸丰帝下旨“交部严加议处”。吏部革去我的礼部侍郎衔，令我戴罪领兵作战。七月，我率师北征，连克岳州、武昌、汉阳。九月，咸丰帝收到捷报，赏给我二品顶戴，令我署理湖北，我努力推辞，于是皇上赏我兵部侍郎衔。直到咸丰帝去世，我仍然顶着这个侍郎的陈旧乌纱帽。

咸丰帝

让你知道天威难测，不能让你的湘军成为左右朝局的力量。

李鸿章

不可否认，曾国藩集团中的一些重要人物如曾国荃、彭玉麟、王闿运、赵烈文等人，对清廷确实长有反骨，时存二心。但是，我的老师却没有叛清之意，因此，作为最高领袖，他不过是在清廷与湘军之间搞平衡。

曾国藩

少荃（李鸿章的字）啊，听说你也练淮军了？不过我告诉你，我遇到的问题你也会遇到，你得提前想好。你是了解我的，我对清廷虽称不上绝对忠诚，但我绝没有反清的想法。我这一生不过是战战兢兢，如履薄冰。我曾对我弟弟曾国荃说：“古来成大功大名者，除千载一郭汾阳外，恒有多少风波，多少灾难，谈何容易？愿与吾弟兢兢业业，各怀临深履薄之惧，以冀免于大戾。”我的心迹，你们可知了。

曾国藩为一代大儒，“修、齐、治、平”是他的人生准则，“忠君敬上”为其人生信条。至于造反、拥兵自立之说，后世附会居多，稗史谈资而已。

< 发现　　朋友圈

曾国藩

让一个人毁灭之前，必须先让其膨胀。

× × 年　　删除　　•••

洪秀全

我就嘚瑟了，你能奈我何？

咸丰帝

爱卿，朕看好你！给我灭了他。

左宗棠

老乡加油。